为传统经典注入新的时代内涵

为新时代提供传统的营养源泉

中华名著导读

诸子入门

中华书局《月读》编辑部 编著

大有书局
DA YOU BOOK COMPANY (BEIJING)

图书在版编目（CIP）数据

诸子入门 / 中华书局《月读》编辑部编著 . —北京：大有书局，2021.8

（中华名著导读）

ISBN 978-7-80772-038-6

Ⅰ . ①诸…　Ⅱ . ①中…　Ⅲ . ①先秦哲学—研究　Ⅳ . ① B220.5

中国版本图书馆 CIP 数据核字（2021）第 155779 号

书　　名　诸子入门
　　　　　　ZHUZI RUMEN
作　　者　中华书局《月读》编辑部　编著
丛 书 名　中华名著导读
项目统筹　刘韫劼
策　　划　叶敏娟

责任编辑　叶敏娟
装帧设计　罗　洪
责任校对　许海利
责任印制　李　怡
出版发行　大有书局
　　　　　　（北京市海淀区长春桥路 6 号　100089）
综 合 办　（010）68929273
发 行 部　（010）68922366
经　　销　新华书店
印　　刷　北京盛通印刷股份有限公司
版　　次　2021 年 8 月北京第 1 版
印　　次　2021 年 8 月北京第 1 次印刷
开　　本　140 毫米 ×203 毫米　1/32
印　　张　11.75
字　　数　135 千字
定　　价　49.00 元

出版说明

大有书局是中共中央党校（国家行政学院）主管主办的一家中央级出版机构，为更好地融合传统文化与主题出版资源，我书局与中华书局合作，从其主办的《月读》杂志中精选一批历年来深受读者好评、以传统文化为核心内容的优秀作品，按照“人物故事”、“经典名篇”和“名著导读”三大类别编辑形成系列图书，希望其中包含着的修德立身精神、治国理政智慧有益于读者尤其是党政干部读者。

呈现给读者的系列图书，旨在古为今用，推陈出新。“人物故事”系列用时代精神讲述古圣先贤的生平、功绩、思想及贡献，希望能给读者提供现实借鉴；“经典名篇”系列汇集体现诸子文士思想精华的锦言妙文，有学习引用之便；“名著导读”系列以当下的视角解读中华传统经典名著，力图给读者以新解新知。

为满足读者的阅读需求，我们在整理过程中逐渐形成“突出经典，彰显从政智慧”的编选原则，在对大量原作进行归类整理、勘误校正的基础上，重点选择那些既与现实热点、大事大势结合紧密，同时又体现传统经典趣味性、知识性及思想性的文章。该系列图书力图做到小而美、精而雅，使传统经典常读常新，焕发新的阅读乐趣。

大有书局

2021 年 4 月

目 录

一　《孙子兵法》：一部闻名世界的兵学圣典

为什么会受到重视和推崇

《孙子兵法》又称《孙子》，是我国最杰出、影响最大的一部军事著作。作者孙武，春秋时期齐国人，具体生卒年月已不可考，大约与孔子同时期，被后世尊称为孙子。孙武曾带着《兵法》十三篇从齐国来到南方的吴国，经吴国重臣伍子胥的推荐，深受吴王阖闾赏识，被任命为大将。此后，孙武同伍子胥共同辅助吴王治军，使吴国“西破强楚，入郢（楚国国都），北威齐晋，显名诸侯”，吴王霸主地位因此确立。而孙武所著的《兵法》也因受到人们的重视而广为流传。

早在战国时期，《孙子兵法》就产生了很大影响，当时的军事名著《吴子》《孙膑兵法》《尉缭子》等都引用并发挥了《孙子兵法》的若干内容和思想。1972 年在山东临沂银雀山一座汉墓中，发现了《孙子兵法》等大量兵书残简，说明在汉代这部书仍流传较广。东汉末年，著名政治家、军事家曹操称赞《孙子兵法》说：“吾观兵书战策多矣，孙武所著深矣。”并为此书作注，从此，曹注《孙子兵法》流行天下，其他兵书战策逐渐散失淘汰。到了唐代，太宗李世民同名将李靖问对兵法时，赞赏《孙子兵法》道："观诸兵书，无出孙武。"宋神宗时期，神宗皇帝命人将《孙子兵法》与另外六部兵书一起校对出版，称为"武经七书"，这部书后来成为中国武举的经典教科书。抗日战争初期，毛泽东根据《孙子兵法》写出了著名的《论持久战》。

那么,《孙子兵法》为什么会受到重视，产生如此大的影响呢？这取决于孙武个人的学养和该书的特点。

齐国的创始人吕尚（姜太公）是一位杰出的军事家，受其影响，齐国的兵学传统长盛不衰。而孙武的祖父也是当时一位有影响的名将，出身于军事世家的优越条件，使孙武自幼受到了良好的军事学熏陶，为日后从事战争实践和军事理论研究打下了坚实的基础。另外，孙武生活的时代，正值春秋战国之交，战争频繁，他善于借鉴和吸取前代典籍中所反映的战争经验，并根据当时实际情况，修改和充实了自己的兵学理论，著成了《孙子兵法》一书。可以说这部书不仅有理论支撑，更有战争经验做后盾，其权威性和实用性不言而喻。

加之，当时各诸侯国的国君为了赢得战争的胜利，迫切需要军事家为自己提供从事战争的理论指导,《孙子兵法》正适应了这个形势，全书十三篇，构成了一个完整的战略思想体系：从筹备军事行动（《始计篇》），到如何进行军事行动（《作战篇》）；从如何排兵布阵（《军形篇》），到面对复杂情况的时候随机应变（《九变篇》）；从考虑地形因素，因地制宜（《地形篇》），到知己知彼，运用各种计谋（《用间篇》），书中涉及的方方面面都揭示了战争的规律性，并回答了当时人们最关心的一个问题，即在战争中如何取得胜利。特别是在实际战争中，人们运用《孙子兵法》的思想排兵布阵往往会收到良好的效果。因此，这部书自问世以来便受到统治者、政治家、军事家的重视和推崇，并对我国古代军事思想的发展产生了重大影响，被誉为“兵学圣典”。

海外流传与影响：日本、朝鲜到全球

《孙子兵法》不仅在中国受到推崇，而且赢得了国外的广泛认同，产生了较大影响。

一般认为，《孙子兵法》在国外的流传，以日本最早，朝鲜次之。因为这两个与中国相邻的国家在历史上与中国文化交流频繁，而日本当时多次派遣学生到中国学习，无疑为《孙子兵法》的东传搭建起了便捷的桥梁。据史书记载，唐朝开元年间，在中国留学长达十七年之久的日本学生吉备真备回到自己的祖国，并将《孙子兵法》一书带到了日本，立刻引起关注。仅德川幕府时代就有五十余家学习《孙子兵法》，至日本明治维新初期，它成为武士学习军事理论的第一部书。

把《孙子兵法》带向欧洲的第一人是乾隆时期法国天主教耶稣会传教士约瑟夫·J. 阿米欧（中文名字为钱德明），他翻译出版的“中国军事艺术”丛书将《孙子兵法》收入，并称：“凡欲成为军官者都必须接受以本书为主要内容的考试。”据说拿破仑对《孙子兵法》推崇备至，以该书来检验自己用兵情况，认为用兵凡符合《孙子兵法》就会赢得战争的胜利。英国在 1905 年已有《孙子兵法》的英译本，其后德、意、俄、捷、希伯来等多种译本接踵面世。

可以说，《孙子兵法》在国外受到了高度认可和赞誉，对外国军事思想产生了深远影响。日本人认为要讲兵法，莫过于《孙子兵法》十二篇，“法简而严”“义精而微”，并称孙子为“兵圣”，可与孔夫子文武并立。美国的约翰·柯林斯在其《大战略》一书中称“孙子是古代第一个形成战略思想的伟大人物，可与普鲁士著名军事家克劳塞维茨的著作相媲美”。英国学者利德尔·哈特称赞《孙子兵法》中的“不战而屈人之兵”是世界上“最完美的战略”。

此外，无论是在中国还是在外国，都不再单纯视《孙子兵法》为一部兵书，而将其应用到了政治、经济、外交等领域，可见其思想的博大精深。

《孙子兵法》和《三十六计》是一回事吗

提到《孙子兵法》就不得不提《三十六计》。如今，将《孙子兵法》与《三十六计》合并为一本书的比比皆是，使读者认为《三十六计》是后人从《孙子兵法》中提炼出来的精华；更有人在演讲时直接说“《孙子兵法》中最著名的一句话是‘三十六计，走为上’”。这其实是一种误解。

《孙子兵法》十三篇，没有哪一篇提到“三十六计”。“三十六计，走为上”这句脍炙人口的话，最早见于《南齐书·王敬则传》：敬则仓卒东起，朝廷震惧。东昏侯……使人上屋望，见征虏亭失火，谓敬则至，急装欲走。有告敬则者，敬则曰：“檀公三十六策，走是上计，汝父子唯应急走耳。”

王敬则提到的檀公，即南朝宋名将檀道济，那么从王敬则的话中是否可以断定《三十六计》是檀道济所著呢？答案是否定的。

我们今天所见的《三十六计》是1941年在甘肃邠州（今陕西邠县）某旧书摊寻得，原本系抄本，共分六套：第一套胜战计，第二套敌战计，第三套攻战计，第四套混战计，第五套并战计，第六套败战计。每套之中又有六计，六六合为三十六计。每计中包含计名、说词、按语三个部分。说词是引用《易经》中的话来解释每一计策，按语则多引战例，对该计作进一步的论证。书中第十九计“釜底抽薪”的按语中，举了北宋时汉州通判薛长儒的故事。试想如果该书系檀道济所著，他怎么可能把自己死后五百多年发生的战例写在书中呢？此外，檀道济生活的时代还没有人把《易经》推演为兵法上的刚柔、进退、攻防等变化，直到明代军事家赵本学才系统地将《易经》运用到军事上。特别是“三十六策”中的“三十六”其实并非实指。在古代汉语里，三、六、九及其倍数，往往表示“虚数”，形容数量多。“檀公三十六策，走是上计”这句话应解释为“檀公在敌强我弱的情况下有多种对策，而安全撤退（保存实力）是上等策略”，而不能理解为“檀公有三十六条策略，逃走是最上等的计谋”。

据此，一般认为《三十六计》一书是附会“檀公三十六策，走为上计”一语，广集民间三十六个成语作标题，用《易经》加以分析，并博采历代战例而成，成书时间大约在晚明以后清中期之前。它并非是对《孙子兵法》思想的提炼，严格意义上说与《孙子兵法》关系不大。

但是，我们也应该看到，由于《孙子兵法》对后世的巨大影响，《三十六计》中引用了历代兵家如孙武、吴起、尉缭等人的名言警语，有些地方还是对《孙子兵法》思想的具体运用和发展。可以说，这两本书有着较强的互补性：《孙子兵法》重在统筹全局，可以从战略的高度给《三十六计》以高屋建瓴式的指导；而《三十六计》重在局部，可以给《孙子兵法》以精当的补充和详尽的阐释，以及更直接的发挥。

现代价值

作为中国传统文化的重要组成部分，《孙子兵法》以其精博深邃而影响深远。直到今天，这部书中的许多精华仍具有重大借鉴意义。

首先，我国当前既面临难得的发展机遇，也面临严峻的挑战。我们在抓住机遇，集中力量进行社会主义现代化建设之时，必须清醒地认识到，当今世界虽然总体上趋向缓和，但安全威胁仍然存在，霸权主义和强权政治有新的表现，民族、宗教矛盾和边界、领土争端导致的局部冲突时起时伏。《孙子兵法》中说："有备无患，自保而全胜。"这是在提醒我们：加强国防建设，增强全民族的国防意识，居安思危、未雨绸缪十分重要，它关乎人民生活的安宁、社会发展的稳定和国家的长治久安。

其次，"知彼知己，百战不殆；不知彼而知己，一胜一负；不知彼，不知己，每战必殆"是《孙子兵法》中最光辉的思想。所谓"知己"就是要做到对自身条件的严格审查和客观分析，这样才能知道自己的优势何在，以此进行战略安排；所谓"知彼"则是对对方力量进行深入了解，分析其优势和劣势，以做到避强击弱，采取不同的应对方案。"知己""知彼"两者不可分割，忽略其中任何一点都可能造成失败。如今，这一规律对我国开展外交、解决国际热点问题具有现实指导意义。世界上每个国家的特点不尽相同，国际上的热点问题也纷繁复杂，这就需要我们一一对其进行分析研究，同时审视自己的能力，在综合比较中制定合理的政策，运用适当的手段，“决胜于千里之外”。

最后，《孙子兵法》的应用还体现在商业领域。俗话说“商场如战场”，一个企业如何在激烈的市场竞争中占有一席之地，孙子的一些思想给人以启发。书中说：“善用兵者，修道而保法，故能为胜败之政。”有很多人通过自己的领悟与实践，将其中的“道”和“法”与现代企业管理相联系，把“道”解释为诚信，“法”解释为公司内部的管理机制，提出以诚信为本，以合理的管理机制使公司良性运营，在竞争中立于不败之地。《孙子兵法》思想的博大精深于此可见。

经典诵读：《孙子兵法》选读

孙子曰：兵者，国之大事，死生之地，存亡之道，不可不察也。

故经之以五事，校之以计而索其情：一曰道，二曰天，三曰地，四曰将，五曰法。道者，令民与上同意也，故可以与之死，可以与之生，而不畏危。天者，阴阳、寒暑、时制也。地者，远近、险易、广狭、死生也。将者，智、信、仁、勇、严也。法者，曲制、官道、主用也。凡此五者，将莫不闻，知之者胜，不知者不胜。(《计篇》)

孙子说：战争是国家的大事，它关系到百姓的生死，国家的存亡，不能不认真地思考和研究。

因此，要通过对敌我五个方面的情况进行综合比较，来探讨战争胜负的情形：一是道，二是天，三是地，四是将，五是法。所谓“道”，就是要让民众和君主的意愿相一致，这样，民众在战争中就可以为国君出生入死而不怕危险。所谓“天”，是指昼夜、晴雨、寒冷、炎热、季节气候的变化。所谓“地”，是指路程的远近，地势的险阻或平坦，作战地域的宽广或狭窄，地形是否有利于攻守进退。所谓“将”，是将帅具备的智谋才能、赏罚有信、爱抚士卒、勇敢果断、军纪严明等素质。所谓“法”，是指军队组织编制、将吏的统辖管理和职责区分、军用物资的供应和管理等制度规定。以上这五个方面的情况，将领们没有不知道的；然而，只有充分了解、确实掌握的才能打胜仗，否则，就会作战失败。

二 《墨子》：先秦墨家之经典

墨子、墨家与《墨子》

墨子名翟，春秋战国之际鲁国人（也有学者认为他是宋国人或楚国人），是宋襄公之兄的长子目夷的后代。

关于墨子的生卒年是一个存在争论的问题。《史记·孟子荀卿列传》说“或曰并孔子时，或曰在其后”，可见西汉时人们就已经不能确切知道墨子的生卒时间了。据现代学者的研究，大致可以推定墨子生于公元前480年左右，卒于公元前390年左右。大约相当于孔子逝世后、孟子出生前的时代。

少年时代的墨子做过牧童，学过木工。《墨子·鲁问》《韩非子·外储说左上》里均记载墨子造车辖、制木鸢的事。可见，墨子应当从事过手工业，而且还是一位能工巧匠。另外，作为没落的贵族后裔，墨子也受到过必不可少的文化教育，《史记》中就记载他曾做过宋国大夫。因此可以得出结论：墨子是一个有相当文化知识，又比较接近工农小生产者的士人。

墨子一生行事虽没有明确的文献记载，但从现有史籍中可以勾勒出大概。处于春秋战国之交的墨子与孔子一样，以救世解纷为己任。他曾穿着草鞋，步行天下，在各地游学，平生足迹所至，向北到达齐国，向西到达卫国，并多次游历楚国。求学方面，墨子曾师从儒者，称道尧舜大禹，学习《诗》《书》《春秋》等儒家典籍。但后来，墨子开始批评儒者对待天帝、鬼神和命运的不正确态度，批评厚葬久丧和奢靡礼乐，认为儒家所讲的都是些华而不实的废话，“故背周道而行夏政”。这应当与其自身的经历和出身有关。最终，墨子舍弃了儒学，另立新说，并在各地聚众讲学，以激烈的言辞抨击儒家和各诸侯国的暴政。大批的手工业者和下层士人开始追随墨子，逐步形成了墨家学说和学派，墨子也理所当然地成为墨家学派的创始人。

墨子的思想以及墨家学说，主要收录在《墨子》一书中。《汉书·艺文志》著录《墨子》共七十一篇。经历代亡佚，到宋时只存六十篇，如今只存五十三篇。与先秦大多数典籍一样，《墨子》既非墨子一人所作，又非一时所成，一般认为它是由墨子自著及其门徒记述墨子言论的书篇整合而成。

有人说墨子的思想是百科全书式的，涉及当时的各个学科和不同领域，其论述观点鲜明、逻辑严谨、方法独特。因此，《墨子》一书堪称春秋战国之际的百科全书，集当时政治、经济、文化、科学、教育、军事诸方面思想之大成。从此书的内容来看确实如此。

《亲士》《修身》《所染》《发仪》《七患》《辞过》《三辩》七篇系墨子弟子根据墨子早期思想所作的记载，略加发挥而成。

《尚贤上》《尚贤中》《尚贤下》《尚同上》《尚同中》《尚同下》《兼爱上》《兼爱中》《兼爱下》《非攻上》《非攻中》《非攻下》《节用上》《节用中》《节葬下》《天志上》《天志中》《天志下》《明鬼下》《非乐上》《非命上》《非命中》《非命下》《非儒下》二十四篇是墨子当年系统讲解自己的学说，后为弟子整理而成，体现了墨家思想的核心，即我们通常所说的“墨家十大主张”，包括体现伦理思想的“兼爱”，体现政治思想的“非攻”“尚贤”“尚同”，体现经济思想的“节用”“节葬”“非乐”，体现宗教思想的“天志”“明鬼”“非命”。

《经上》《经下》《经说上》《经说下》《大取》《小取》六篇一般称作墨辩或墨经，着重阐述墨家的认识论和逻辑思想，还包含许多社会科学和自然科学知识，代表了先秦时代在各个学科所取得的成就。著名学者杨向奎曾评价说：“一部墨经，无论在自然科学哪一方面，都超过整个希腊，至少等于整个希腊。”

《耕柱》《贵义》《公孟》《鲁问》《公输》五篇是墨子弟子对墨子言行的记载，相当于墨子语录，是研究墨子生平事迹的主要依据。

《备城门》《备高临》《备梯》《备水》《备突》《备穴》《备蛾傅》《迎敌祠》《旗子》《号令》《杂守》十一篇，全是有关军事的内容，从某种程度上可以看作是一部杰出且实用的“墨子兵法”。

《墨子》与墨学的历史命运

从历史命运上看，《墨子》与墨学可谓大起大落。在先秦时期，孔子创立的儒家与墨子确立的墨家并驾齐驱，享有同样显赫的学术盛誉，并称“显学”。《韩非子·显学》记载：“世之显学，儒墨也。儒之所至，孔丘也；墨之所至，墨翟也。”《吕氏春秋·情欲》则说，儒家与墨家“从属弥众，弟子弥丰，充满天下”，又说“孔墨布衣之士也。万乘之主，千乘之君，不能与之争士也”。可见，在当时那个百家争鸣的时代，墨家学派声势之浩大，超法逸道而直与儒家相抗衡。

然而，自秦汉以降，墨家逐渐走向衰微，到了东汉竟“废而不传”。司马迁的《史记》将孔子列入世家，还为孔子的弟子单独写了列传，可提到墨子本人却只有寥寥二十四字，更不用说墨家弟子了。从这时起，一代显学进入了漫长的黑暗之中，在整个古代社会几乎成为绝学。《墨子》一书幸赖《道藏》的收录而得以保存。

深究起来，墨家从一代显学到湮没不传，是有其深层原因的。首先，墨子思想主要代表平民和小生产者的立场，它热衷于自然科学，倡导平等思想观念，这自然不符合统治者的需要。其次，儒、墨虽并称显学，但思想是根本对立的。礼乐是儒家的核心思想，而墨子正是因为礼教过于烦琐才脱儒自立，墨子“兼爱”“非乐”等主张实际上就是对儒家礼乐的否定和取消。所以，儒、墨两家是势同水火、难以调和的。在独尊儒术的后世，自然不会有墨家的位置。道家虽然也反对礼教，但在人格修养上与儒家形成互补的关系，其黄老之术也每为统治者所采用。法家的法术为统治者所欣赏，与儒家互为表里，即所谓的“阳儒阴法”。因此，道、法两家能够与儒学并存，虽不得独尊却也可以历久不衰。

然而，历史是公平的，一部有价值的作品可以暂时沉寂，却不会永远寂寞，《墨子》就是这样一部书。它的转机来自传统文化的变革：西学东渐的历程与新文化运动的勃兴，为古老的中国文化打开了新的视野，沉寂中的《墨子》，重新受到重视。

在清末，有一批认识了西方的学者对墨子作出了新的判断。学者邹伯奇就提出“西学源出墨学”的说法，他认为西方的天文、历法、算学等，都源于《墨子》，并曾依据墨子的理论做过小孔成像的实验，制造过望远镜与照相机。经学家王闿运则认为《墨子》是西方宗教的源头，如佛家之释迦牟尼、基督教之耶稣都无官位俸禄而被奉为圣师，当受惠于墨学。诗人黄遵宪更是提出：西方的人权理念源于墨子的“尚同”；西方的独尊上帝源于墨子的“尊天明鬼”；西方的平等博爱思想源于墨子的“兼爱”；西学物理发达，源于“墨经”；西学长于器械制造，源于墨学备攻乃至于墨子造木鸢之术。

此后，学人对墨子的推崇有增无减。《民报》创刊号卷首列古今中外四大伟人肖像，以墨子与黄帝、卢梭、华盛顿并列，被尊为“世界第一平等、博爱主义大家”。梁启超针对当时的国情，提出“今欲救之，厥惟墨学”的口号。爱国志士易白沙说：“周秦诸子之学，差可益于国人而无余毒者，殆莫过于墨子矣。”

如今，墨学已有再次成为显学之势。2004 年 9 月，北京图书馆出版社出版了一百册巨著《墨学大全》，如实反映了我国两千多年来墨学大系状况，堪称墨学复兴的里程碑之作。

被重新评估的现代价值

随着墨学的复兴，《墨子》一书的价值得到了重新评估，其中很多思想对当下有着借鉴意义。

第一，墨子提倡勤俭节约和廉政。他针对衣服、饮食、宫室、舟车、男女和丧葬六个方面提出节俭的要求，认为它们事关经邦纬国。同时，他还反对统治者耗费财力去满足私欲，认为这是在“暴夺民衣食之财”和“厚作敛于百姓”，是造成民苦、民累、民亡的主要因素，因此要讲求廉政。墨子说，“节于身，诲于民，是以天下之民可得而治”，并告诫说“俭节则昌，淫佚则亡”，“故其用财节，其自养俭，民富国治”。不仅如此，作为实践家，墨子注重经世致用，他提倡节俭，并不是口头上说说，也不只是他自己以及墨家弟子亲身躬行，而是要影响各国的君主，希望他们把节俭作为匡正时弊、安邦治国的一项基本国策，并为此付出努力。今天的中国作为一个发展中的大国，其基本国情是人口多、耕地少、人均资源非常有限，这就需要我们把勤俭节约、艰苦奋斗内化为自己的优良品德，坚决反对贪污浪费的现象，从而为中国的富强之路贡献应有的力量。

第二，墨子强调“兼爱”。“兼爱”有两个最基本的含义：一是视人若己，爱人若爱己。具体而言就是“视人之国，若视其国；视人之家，若视其家；视人之身，若视其身。是故诸侯相爱，则不野战；家主相爱，则不相篡；人与人相爱，则不相贼；君臣相爱，则惠忠；父子相爱，则慈孝；兄弟相爱，则和调；天下之人皆相爱，强不执弱，众不劫寡，富不侮贫，贵不敖贱，诈不欺愚”。二是爱别人，才能得到别人的爱。也就是说，人与人之间的关系是对等互报的，“投我以桃，报之以李”。可以看出，墨子的“兼爱”思想超越了儒家“亲亲有术”“爱有差等”的“爱人”原则，以及社会等级身份的范围，而充盈着现代意义上人道主义的博爱精神。因此，弘扬“兼爱”的道德准则，对当代社会人们的立身处世不无积极意义，这种双向平等交往的原则，对于维系调节人际关系、创建社会主义和谐社会具有指导意义。

第三，墨子主张“尚贤”“尚能”，即选举贤能之人为官。他从平民的立场出发，一方面从根本上反对家族政权的世袭制，另一方面主张由贤能人士来掌握政权。墨子认为，通过不正当手段做官的人，治理不好国家，只能使人民“饥而不得食，寒而不得衣，劳而不得息，乱而不得治”。因此，他提出“虽在农与工肆之人，有能则举之”，“以德就列，以官服事，以劳殿赏，量功而分禄”，“举公义，辟私怨”。可以说，墨子的人才观与今天的选才之道是相通的，社会主义建设的实践一再表明，能否选好干部和人才直接关系到社会主义事业的兴衰成败，因此在选人、用人方面要遵循德才兼备的原则，全面、真实地考察一个人的德、才、行。

第四，墨子强调尊重自然，按自然规律办事。他说：“既以天为法，动作有为，必度于天。天之所欲则为之，天所不欲则止。”墨子说的“天”，就是现实的大自然。人们的行为要“度于天”，就是要敬畏自然、遵循规律。他还说任何事物都有自然的本性，这是“情”；符合自然的本性，就是“和”。当然，墨子强调对大自然的敬畏，不是盲目地畏惧，在大自然面前裹足不前，而是要求人的举止行为应该适应自然，使人类与自然在协调中共同发展。当今，随着经济快速发展，我国的生态环境和资源问题突出，对此，转变粗放型的发展模式，“节用”资源，尊重自然，遵循客观规律，只有践行“绿水青山就是金山银山”的理念，才能维护人类的长远利益，实现可持续发展。

经典诵读：《墨子》中的成语典故

以人为镜

子墨子言曰：“古者有语曰：‘君子不镜于水，而镜于人。镜于水，见面之容；镜于人，则知吉与凶。’”

墨子说：“古时有人说：‘君子不用水作镜子，而是以人为镜子。用水作镜子，只能看出人的面容；用人作镜子，则可以知道吉凶。’”

后用“以人为镜”指把别人的成败得失作为自己的借鉴。

兼而有之

天必欲人之相爱相利，而不欲人之相恶相贼也。奚以知天之欲人之相爱相利，而不欲人之相恶相贼也？以其兼而爱之，兼而利之也。奚以知天兼而爱之，兼而利之也？以其兼而有之，兼而食之也。

上天一定希望人们相互友爱，互相给予利益，而不希望人们相互厌恶和残害。怎么知道上天希望人们相互友爱，互相给予利益，而不希望人们相互厌恶和残害呢？这是因为上天兼爱一切人，给所有人以利益。怎么知道上天兼爱所有人，给所有人利益呢？因为所有人都为上天所有，上天供给所有人食物。

后用“兼而有之”指同时涉及几种事物、几个方面。

高冠博带

子墨子曰：“行不在服。”公孟子曰：“何以知其然也？”子墨子曰：“昔者齐桓公高冠博带，金剑木盾，以治其国，其国治。昔者晋文公大布之衣，牂羊之裘，韦以带剑，以治其国，其国治。昔者楚庄王鲜冠组缨，绛衣博袍，以治其国，其国治。昔者越王勾践剪发文身，以治其国，其国治。此四君者其服不同，其行犹一也。”

墨子说：“有作为并不在于服饰。”公孟子问道：“您怎么知道是这样呢？”墨子回答说：“从前齐桓公戴着高帽子，系着宽大的带子，佩着金剑木盾治理国家，国家得到了治理。从前晋文公穿着粗布衣服，披着母羊皮的大衣，用牛皮带挂剑治理国家，国家得到了治理。从前楚庄王戴着漂亮的帽子，系着系冠的丝带，穿着大红长袍治理国家，国家得到了治理。从前越王勾践剪去头发，用针在身上刺上花纹治理国家，国家得到了治理。这四位国君，他们的服饰不同，但作为却是一样的。”

后以“高冠博带”形容儒生的装束，也比喻穿着礼服。

避毁就誉

子墨子使管黔游高石子于卫，卫君致禄甚厚，设之于卿。高石子三朝必尽言，而言无行者。去而之齐，见子墨子曰：“卫君以夫子之故，致禄甚厚，设我于卿，石三朝必尽言，而言无行，是以去之也。卫君无乃以石为狂乎？”子墨子曰：“去之苟道，受狂何伤！古者周公旦非关叔，辞三公，东处于商盖，人皆谓之狂，后世称其德，扬其名，至今不息。且翟闻之‘为义非避毁就誉’，去之苟道，受狂何伤！”

墨子让管黔到卫国称扬高石子，让高石子在卫国做官。卫国国君给他的俸禄很优厚，安排他在卿的爵位上。高石子三次朝见卫君，都竭尽其言，卫君却毫不采纳实行。于是高石子离开卫国到了齐国，见到墨子说：“卫国国君因为老师您的缘故，给我的俸禄很优厚，安排我在卿的爵位上，我三次入朝见卫君，必定把意见说完，但卫君却毫不采纳实行，因此我离开了卫国。卫君恐怕会以为我很狂妄吧？”墨子说：“离开卫国，假如符合道的原则，被认为是狂妄又何妨？古时候周公旦斥责管叔，辞去三公的职位，到东方的商奄居住，人都说他狂妄，但是后世的人却称誉他的德行，颂扬他的美名，到今天还不停止。况且我听说‘奉行道义并不是为了逃避毁谤或得到赞誉’，离开卫国，假如符合道的原则，被视为狂妄又怎样？”

三 《老子》：先秦道家首部传世经典

关于老子与《老子》的争论

《老子》，又名《道德经》，它与《庄子》如双峰并峙，是先秦道家学派的代表性著作，对中国传统文化的形成和发展产生了重大影响。

提到《老子》，一般认为它是春秋时期道家创始人老子所作，也是道家思想的奠基之作。然而，由于年代久远，史料保存不足，学术界对老子其人其书还存在很大争议。

作为“二十四史”之一的《史记》，记载了西汉武帝之前很多明确可信的史实，但对于老子的记载却相当含混。《史记·老子韩非列传》记载：“老子者，楚苦县厉乡曲仁里人也。姓李氏，名耳，字聃。周守藏室之史也。”又提到孔子曾向老子请益。后来，老子见周朝衰落，欲隐居，乃西出函谷关，关令尹喜让其著书，于是“老子乃著书上下篇，言道德之意五千余言而去，莫知其所终”。所谓“著书上下篇”就是指《老子》一书。由于司马迁的这段记载周详又有情节，且《礼记》《庄子》《孔子家语》《吕氏春秋》都提到孔子曾向老子请教过礼的问题，于是后世有学者得出结论：老子其人与孔子均生活在春秋时期，且比孔子年龄大，《老子》一书是他辞官归隐之时所著，内容是“言道德之意五千余言”，故又称此书为《道德经》或“五千言”。

然而，如果继续读司马迁的记载，我们就会明白：即使是司马迁本人，对老子的生平也是犹豫不定的。他又说道：“或曰：老莱子亦楚人也，著书十五篇，言道家之用，与孔子同时。”再后面还讲了一段关于周太史儋的话：“或曰儋即老子，或曰非也，世莫知其然否。”一句“世莫知其然否”，拉开了关于老子其人其书的争论。正如学者陈荣捷在《老子之道》中所言：“在中国现代历史上，似乎没有哪一场争论战比围绕老子其人其书的争论持续的时间更长，参与的学者更多。”

老子、老莱子、周太史儋，究竟是一个人还是三个人，哪一位才是道家创始人老子？学界莫衷一是，但观点倾向于他们是三个人，道家创始人老子是担任周守藏室之史的李耳。

关于《老子》这部书，有学者指出，像《庄子》《吕氏春秋》《列子》中记载了老子和杨朱等人的对话，杨朱是战国时人，此外《老子》里还有“偏将军”“上将军”“万乘”这类战国时才有的词汇，因此，老子应该是战国时人，其作品也是战国的。还有学者认为《老子》反映的思想基本上是老子本人的，但他仅仅是口述，书应该是其弟子们记录整理下来的，就跟《论语》一样。更有学者提出《老子》成书于秦汉之间，甚至晚至西汉文景时期才出现。

幸运的是，从 20 世纪 70 年代至今，随着考古工作的进展，陆续发现了几种出土的《老子》竹书简帛。经过整理和研究，我们把《老子》一书成书的年代定在战国中期以前。

总之，关于老子其人其书至今仍有许多谜团没有解开，但这丝毫不影响这部书的地位和价值。先秦道家首部传世经典，非《老子》莫属。今通行本《老子》共八十一章，分上下两篇：上篇三十七章，中心论述“道”；下篇四十四章，中心论述“德”。

这部书讲了些什么

《老子》一书多为韵文，且论述精辟，含义丰富，思想深邃。其内容重在以辩证思维详尽论述作为宇宙本体、万物之源和运动规律的天道，并用这种天道观照人道，指导治国和修身，直面现实社会，涉及宇宙、自然、社会、人生的各方面。很多人认为老子的思想是避世的，这是一个误区。

先说《老子》中的“论道”，这是整部书的核心和精髓。

第一，道是混沌而成，先天地而生，是效法自然而形成的宇宙本体和规律法则，它被称为“天地之母”“万物之宗”，是一切事物产生的动力和最后的归宿。第二，道是人的视、听、触、味等感官知觉无法直接触及感知的，但它又通过万物来体现，因此，我们可以通过万物变化感觉道，通过观察体验认识道，进而把握道的特征和规律。第三，道超越时空，无处不在，周而复始，对立转化，影响决定着自然、社会和人生的命运。第四，道养育万物，除旧更新，却无私无欲，不占有，不主宰，不自大。因为不自大，反而成就了道的伟大。由此可见，老子所说的道，是一个非常复杂的哲学概念，既指浑然一体的宇宙本体，又是永恒存在的天地万物之源，还是运动不息而对立转化的规律和法则。正如《庄子·大宗师》所言：“夫道，有情，有信，无为，无形，可传而不可受，可得而不可见。”现代学者对于“何谓

'道''' 这个问题也是多有论述，各抒己见（复旦大学教授葛兆光从字源的角度进行阐述，值得借鉴。参见葛兆光《中国经典十种》，中华书局2008年版，第63—65页）。无论如何，老子正是以这种虚无的天道取代了商周以来的天命观，从而论证和构建了自己的宇宙观。

再说《老子》中的治国思想。

第一，老子要求统治者效法天道、无私无欲、公正公平、善待百姓、善待万物，不要人为造成亲疏、利害、贵贱的差别，如此才能真正得到善良和诚信。同时，还要认识到贵贱、高下的辩证关系，守道不争，谦下卑弱，如此才能得到百姓拥戴，处于不败之地。第二，老子提出统治者不要肆意妄为，作威作福，扰民害民，要让百姓自化、自正、自富、自朴，甚至让百姓感觉不到统治者的存在，否则，就会招致反抗，引起天下大乱。第三，统治者要让百姓无知无欲，抛弃现实社会的一切文明成果，恢复到质朴纯厚的原始状态，实现小国寡民，天下才能大治。第四，老子憎恨统治者“损不足以奉有余”“以死惧之”的行为，指出国家混乱、田园荒芜、百姓饥荒的根本原因在于统治者的穷奢极欲，这是背离道的行为。第五，老子认为战争无论胜败，都会给双方带来极大的灾难，因此，他反对发动战争，而要以不争之德来对待战争。可见，老子是以天道反观和指导人道的，他反对战争，要求统治者不争、谦下、无为、公平待民、无私无欲等的思想对后世产生了巨大影响。当然，老子提出的毁弃文明、小国寡民、回到原始状态等主张，虽然出于他对当时社会弊病的极度愤怒和极端失望，但其具有历史局限性的事实也是不可否认的。今人读《老子》，应特别注意这一点。

最后说《老子》中的修身理念。

第一，要永远保持质朴纯厚的品德，真正进入空虚无欲、清静无为的境界，做到小心谨慎、严肃庄重、温和可亲、虚怀若谷、浑朴纯正。第二，既要有知人之智、胜人之力，更要有自知之明、自胜之强，通晓四方、知而不知。无论是得宠还是受辱，都不要感到惊恐不安。只有抛弃私欲，才能远离祸患，承担大任。第三，要把慈爱公平、俭啬收敛、谦下不争作为人生的法则。第四，要一切顺应自然，就像水一样，处于下位，柔弱自守，清静无为；慈爱真诚，滋养万物；以柔胜刚，以弱胜强。第四，修身养性者应清心寡欲，俭啬收敛，功成身退，才能长保平安。如果过分看重名利财货，贪得无厌，不知满足，必然带来巨大的危害。老子就是这样将天道用来指导修身养生，以确立人生观。后世认为道家注重修养身心，我们从《老子》中便可窥见一二。

传播史及现代价值

《老子》一书虽只有五千余言，但其深邃的思想却对中国社会的发展产生了深远影响。不仅如此，据考证，《老子》在日本的传播，已有一千四百余年的历史，对日本文化产生了深远影响。除日本之外，朝鲜、韩国、越南等国自古以来也深受道家思想影响。可以说，老子思想从中古时代起就已经成为以中国文化为中心的东亚文化圈的有机组成部分。在欧洲，从 19 世纪初便有学者对《老子》进行研究，到 20 世纪四五十年代，欧洲的《老子》译本已经多达六十余种。从西方近现代思想史看，哲学巨匠黑格尔、尼采、海德格尔，文学泰斗托尔斯泰等人都深受老子思想的影响。黑格尔曾说："中国人把认识道路的各种形式看作是最高的学术……老子的著作，尤其是他的《道德经》，最受世人崇仰。"尼采则说:《老子》这部书“像一个永不枯竭的井泉，满载宝藏，放下汲桶，唾手可得”。海德格尔更是曾试图与中国学者合作将《道德经》翻译为德文，其代表作《存在与时间》中就包含许多道家观念。2011 年 6 月，德国著名汉学家沃尔夫冈 · 顾彬在深圳大学作题为“中国文学与中国哲学在德国”的演讲时说:“在德国，老子的《道德经》已经先后被一百零四人译成德文，但孔子的《论语》只有十几个译本，从这个意义上而言，老子在德国比孔子有名，影响也更大。”据称，每四户德国家庭便有一本《道德经》。美国学者蒲克明说,《道德经》之所以受到世人如此重视，获得如此高的评价，是因为它是人类最古老、最系统的第一部“大成智慧学”，他还预言未来“《道德经》将是一本家传户诵之书”。

这样一部先秦经典，于今当然有很大的启发意义。

第一，老子赋予“道”以自然、无为的属性，这是要为人确立自然无为的行为模式，并试图借助这种行为模式处理好人与自然的关系，开显人的生态智慧。《老子》中记载:“故道大，天大，地大，王亦大，域中有四大，而王居其一焉。”老子把人视作域中“四大”之一，表明人类是这个自然界的组成部分，其与自然界是伙伴关系、朋友关系，人类只有热爱自然、尊重自然、敬畏自然才能与自然界保持和谐一致。此外，老子还主张“法自然”，他说：“人法地，地法天，天法道，道法自然”，“复众人之所过，以辅万物之自然而不敢为焉。”此处的“法”，指效法、因循或衡量个人行为的尺度、原则等。老子认为应该选择因循自然而为的行动模式，这实际上是一种“天人合一”的思维方式，说明老子把尊重自然和保护自然作为处理人与自然关系的首要价值取向。这一思想无论对于应对当前全球生态危机，还是建设现代生态环境理论，都有借鉴意义。

第二，老子认为规律的存在和变化是客观的，不以人的意志为转移；人在客观规律面前只能顺从和利用，而不能强行改变。这就是所谓“孔德之容，惟道是从”，“知常曰明，不知常，妄作凶”。在先秦，谈论运动规律的思想家不止老子一人，但老子谈论规律的最大特点在于强调人要通过合规律以达到合目的，而不是让人带着目的去造规律，更不是带着目的去改变规律。简而言之，即适应规律、顺势而为，这对我们如何正确发挥人的主观能动性，实现资源和社会的可持续发展具有启发性。

第三，老子主张“无为而治”。他说：“道常无为而无不为，侯王若能守之，万物将自化。”还说：“我无为而民自化，我好静而民自正，我无事而民自富，我无欲而民自朴。”有人将“无为而治”理解成“不治主义”或“无政府主义”，这实际是对这一思想的误读。老子“无为而治”思想曾在历史上产生过重大影响，像西汉初年，统治者就采取黄老无为而治的统治方式，对百姓实行“与民休息”“轻徭薄赋”，取得了“文景之治”的成效。其实，“无为而治”是一种开明的“治术”或高明的领导术，它不是要执政者不作为，而是让其不拘泥于国家的琐碎事务，而应着眼于大局，花更多的精力思考宏观问题和顶层设计。这一思想对今天的治国理政仍有借鉴的空间。

第四，《老子》提出了四条处世之道：一是“治人事天莫若啬”，二是“知足不辱，知止不殆”，三是“功遂身退”，四是“君子之交淡如水”。这四条处世原则可以归纳为“少私寡欲”。作为中华民族的宝贵精神财富，这四个字对于今天的廉政建设尤为重要。试看那些贪污腐败之人，无不是因私心杂念太多、升官发财欲望太过强烈而最终导致身败名裂的。

第五，老子强调“不争”。这集中反映在他以水为比喻的这句话中：

> 上善若水。水善利万物而不争，处众人之所恶，故几于道。居善地，心善渊，与善仁，言善信，政善治，事善能，动善时。夫唯不争，故无尤。

事实上，不争是一种海纳百川的胸怀与气度。只有不争，人与人之间才会有谦让；只有不争，才会有人与人之间的理解与包容；也只有不争，我们的人格才能得到完善。如今，在建设社会主义和谐社会的进程中，我们需要调动一切积极因素，老子的“不争”思想就是其中之一，它让我们学会和谐相处、宽大为怀、适可而止、不走极端，以平和、恬淡的心态，化除一切封闭和隔阂。

经典诵读：《老子》中的成语典故

功遂身退

金玉满堂，莫之能守；富贵而骄，自遗其咎。功遂

身退，天之道。（第九章）

纵然金玉堆满堂室，没有谁能够将它守住；身居富贵而不可一世，必然是在自取灾祸。功成名就就抽身而退，这才符合天道。该成语也作“功成身退”，现指功成名就之后就退隐，不再做官。

祸福相依

祸兮，福之所倚；福兮，祸之所伏。（第五十八章）

祸啊，是福所依凭的东西；福啊，是祸所隐藏的地方。该成语比喻坏事可以引出好的结果，好事也可以引出坏的结果。

根深蒂固

治人事天，莫若啬。夫为啬，是谓早服；早服谓之重积德；重积德则无不克；无不克则莫知其极；莫知其极，可以有国；有国之母，可以长久。是谓深根固柢、长生久视之道。（第五十九章）

治理人民，事奉天道，没有比吝惜更好的办法。只有吝惜，才能早早从事于道；早早从事于道就叫作增加积德；增加积德就能攻无不克；攻无不克就深不可测，没有人能知道它的终极；没有人能知道它的终极，就可以保有国家；保有国家的根本，就可以长治久安。这也就是根深蒂固、长久维持之道。后用该成语比喻基础深厚，不容易动摇。

哀兵必胜

祸莫大于轻敌，轻敌几丧吾宝，故抗兵相加，哀者胜矣。（第六十九章）

没有比轻敌更大的灾祸，轻敌几乎丧失了我的法宝。所以，两军对垒，怀有悲悯之心的一方就获胜了。该成语现指受欺侮而奋起抵抗的军队，必定能取胜。

四 《管子》：管仲学派智慧的结晶

是管仲所著吗

管子，名夷吾，字仲，春秋时期著名的哲学家、政治家、军事家。他辅佐齐桓公称霸的故事可谓家喻户晓，孔子就曾说过：管仲相齐桓，九合诸侯，一匡天下。

至于《管子》一书，先秦的韩非，汉代的司马迁、班固以及历代官修史书都题“管仲著”。然而，自两汉以来，著者与成书年代的意见出现了分歧。大体说来，关于《管子》的著者问题，有管仲全部遗著说、管仲部分遗著说、伪托附会说和管仲学派所著说四种；关于《管子》的成书年代，有春秋说、春秋至战国说、春秋至秦汉说、战国说、战国至秦汉说和汉代说等若干种。那么，究竟哪种更符合实际情况呢？这就需要厘清《管子》一书的成书过程。

南宋学者朱熹曾说：“管子以功业著者，未必曾著书。”又说：“《管子》非管仲所著。仲当时任齐国之政，事甚多，稍闲时，又有‘三归’之溺，决不是闲工夫著书的人。”现代史学家顾颉刚先生也提出：“《管子》一书是先秦诸子中的巨帙，历来相传是帮助齐桓公成就霸业的管仲所作。……管仲本是一个干实际政治工作的人，哪会有闲工夫去著书，更哪会成为一位大著作家！而且管仲生于公元前七世纪的初叶，那时谁也想不到私人可以有著书流传这一回事。”（见《“周公制礼”的传说和〈周官〉一书的出现》）从朱熹和顾颉刚的观点看，他们都主张《管子》一书并非管仲所作，其理由固然有一定的根据和道理，然而，管仲不仅仅是一个“干实际政治工作的人”，他还是一位思想家和改革家。在推行改革和治国的实践活动中，身为丞相的管仲创造了一个完整的政治、经济、军事、哲学思想体系，从而形成了最基本的管仲学说。这一学说尽管由于管仲“决不是闲工夫著书的人”，因而未能亲手书之简牍以传世，然而却极有可能由他人记录整理并保存下来，名字未必叫《管子》，但其内容却是《管子》一书的理论基础和雏形。那么，最早记录和整理管仲学说的人是谁呢？就是史官。早在夏末，我国就已有史官；殷商时期，史官制度较为健全了，这在甲骨文和史书中都有体现。到了周代，不仅周王室有史官，诸侯国也有史官。春秋战国时期，史官更是普及开来，像董狐、南史氏都是著名的史官。如此，不难得出结论，身为齐国丞相、时常与齐桓公讨论政事的管仲，入朝时的言行有齐太史记录，回到家中，则有家史记之。

管仲生前及去世后，很多仰慕他的人争相探讨和传播其言论和学说，逐渐形成了以管仲为中心的管仲学派。后世如齐景公便经常以恢复桓公霸业自诩，他还要求晏婴“继管子之业”，“遂武功而立文德”；而晏婴也每每列举桓、管业绩，力谏景公。这时期，管仲的学说不仅在齐国君臣中广为流传，而且远播其他诸侯国。楚国的老子，鲁国的孔子，越国的文种、范蠡等都不同程度地受其影响。

到了战国时期，百家争鸣局面空前发展，在齐国出现了稷下学宫。稷是齐国西门之称，学宫设在稷门附近，所以称稷下。稷下学宫最盛时，学生就有三千多，著名的如儒家的孟子、荀子，都先后到过稷下，荀子还曾做过学宫的祭酒。在这里，学者和思想家们的话题是无拘无束的，各家各派都在发表自己的主张，处士横议，议论生风，思想的风云际会之中，有冲突、辩驳，也有吸收、融合。这其中自然也有管仲学派的参与。当时，在稷下学宫中的管仲学派对史官所记的管仲言行和民间流传的管仲学说及事迹，进行了一次大规模的整理和升华，使之系列化和理论化，同时，还吸收融合了其他各家的思想，最终托管子之名，而成《管子》一书。有学者研究，当时名为《管子》的书远不止一部。

西汉初年，管仲学派又对《管子》一书作了补充和修订，比如《管子》中的最后一批论文是《轻重》，其中不少篇章就有汉初的烙印。到了西汉末年刘向、刘歆父子校书之时，宫中秘藏、太史府藏和私人所藏的《管子》总计达五百六十四篇。父子二人对这些篇章进行整理校勘，删除重复，定为八十六篇。宋以后有十篇亡佚，剩余七十六篇，编排分为八组，即《经言》九篇、《外言》八篇、《内言》七篇、《短语》十七篇、《区言》五篇、《杂篇》十篇、《管子解》四篇、《管子轻重》十六篇。这就是今天我们看到的《管子》。

可以说，《管子》是管仲学派从春秋到汉初代代积累的智慧结晶，它内容丰富，博大精深，是一部经邦治国的百科全书。

汇聚百家、融通思想

《管子》一书的最大特色，是其思想的融通性。可以说，它是一部汇聚百家学说的著作。我们知道，诸子百家多以宣扬自己的学说为目的，他们往往囿于己说，“只见树木，不见森林”，或完全继承前代政治学说，不能因地制宜、因时而变，或完全推翻前人的精华，另立新说。

管仲学派则与他们不同。管仲一生以“不羞小节而耻功名不显于天下也”为座右铭，以建立“霸中原”的不朽功业为人生目标，他不但能够因地制宜改革齐国内政，而且很好地吸收了前代政治的精华，这也是管仲被后人赞颂，被誉为继周公之后又一位大政治家的重要原因。管仲学派则继承了管仲的这一思想，因此，可以说《管子》的成书就是以“立功”为目的，它积极吸收和融合了其他各家学说的优秀成果。比如，在《管子》中，我们可以看到儒家的思想，如《牧民》篇称礼、义、廉、耻为“国之四维”，说“四维不张，国乃灭亡”。可以看到道家的思想，如《牧民》篇称“下令于流水之原者，令顺民心也”，与《老子》“圣人无常心，以百姓心为心”颇为相符。可以看到法家的思想，如《修权》篇称“法者，将用民之死命者也”，颇似《商君书》的口吻。此外，墨家的非攻言论、农家对地利的筹划、兵家的战事计谋等，都能在这部书中体现出来。正如有些学者所总结的:《管子》有法家思想，也有道、儒、名、阴阳、农等各家的思想，它们在书中只有所占分量多少的问题，并不能特别指出以哪家思想为主导，它们任何一家都容纳不了如此庞杂的思想内容。

总之,《管子》一书较好地处理了春秋战国时期困扰诸子百家的有关古代制度与文化的继承与发展问题，它秉承着既保留古代制度与文化的精华，又因时因地制宜的原则，因而《管子》中的许多内容既能够为春秋战国时期齐国统治者富国强兵所采用，又能够为后世诸多朝代的统治者提供治国借鉴。

现代价值

首先,《管子》一书对廉政建设的重要性、对腐败的危害有着深刻认识，并对其进行了充分论述。《管子》指出从政者腐败会产生许多危害。其一，腐败会造成民众贫困，影响社会安定。“舟车饰，台榭广，则赋敛厚矣；轻用众，使民劳，则民力竭矣。”百姓贫困，就容易产生邪念，即“民贫则奸智生，奸智生则邪巧作”，这自然会影响社会安定。其二，腐败会败坏社会风气，危害公平正义。“金玉货财之说胜，则爵服下流；观乐玩好之说胜，则奸民在上位；请谒任举之说胜，则绳墨不正。”上层腐败，不仅会造成追求金钱私利、讲究吃喝享受、拉关系、走后门等不良社会风气，而且奸邪之辈会趁机占据高官显位。小人当道，自然没有公平正义可言。更严重的是，腐败还会直接损害国家利益，危及国家安全。正因为腐败有如此巨大的危害，廉政建设才显得尤为重要，它不仅关乎民心向背、社会治乱、世风好坏，而且还关系到国家的兴衰存亡。基于这种认识，《管子》把“廉”看作治国的“四维”之一，提出了“廉为国维”的观点。就是说，“廉”是治国理政的重要原则和纲领，背离了它，国家就有倾覆灭亡的危险。为此，《管子》还提出了遏制腐败的方法，比如各级官吏都应该立身清白，不贪财货。对“用不称其人，家富于其列，其禄甚寡而资财甚多者”，要坚决打击。又如作为官员要做到信、仁、严、礼，要奉公守法，不可结党营私，否则将受到严厉处罚。

其次，《管子》体现了“以人为本”的思想。管子在担任齐国丞相时就深刻认识到“人”在社会中的重要作用和巨大价值，提出“一年之计，莫如树谷。十年之计，莫如树木。终身之计，莫如树人。一树一获者，谷也。一树十获者，木也。一树百获者，人也”。他以“一树百获”为喻，充分说明了“人”是积累社会财富的主体，在社会经济发展中居于主导地位，对国家的兴亡起着决定性作用。治国者“所以取明名广誉，厚功大业，显于天下，不忘于后世，非得人者，未之尝闻”，而“暴王之所以失国家，危社稷，覆宗庙，灭于天下，非失人者，未之尝闻”。因此，管子把民众当作治国之“本”，明确提出了“夫霸王之所始也，以人为本”的观点。那么，如何以人为本呢？《管子》一书提出对民众要“爱之，利之，益之，安之”，使百姓安于本国、尽心劳作，并指出此“四者，道之出。帝王者用之，而天下治矣”。《管子》还特别指出了“民心”的重要性，认为“政之所兴，在顺民心。政之所废，在逆民心”，“得众而不得其心，则与独行者同实”。而得民心的关键则在于制定国家政策时要了解百姓的需求，顺乎民意，实施仁政，关心民众的疾苦，使其生活无忧。否则，就会失去他们的支持。

再次，管子在重视人才、培养人才、选拔人才、任用人才、考核人才等诸多方面都有着自己深刻而独道的见解，并将其运用于实践中，为后人留下了宝贵的用人智慧。“夫争天下者，必先争人”，一语点破人才的重要性。在施政中，管子打破了齐国以往贵族世卿世禄、任人唯亲的用人传统，采取了礼贤下士、任人唯贤的措施，为此还创设了“三选制”：本乡把有才德、有武功之人推选给国家，这是第一选；国家对所选人才实行考核和试用，择其优秀者推荐给国君，这是第二选；国君对推荐的人才亲自审核、考问，把合格者任命为上卿，这是第三选。最终选拔到了曹孙宿、宁戚等人，对齐国的复兴和强盛起到了积极作用。此外，要人尽其才、量才使用。《管子》提出“任力有五务”，即“君择臣而任官，大夫任官辩事，官长任事守职，士修身功材，庶人耕农树艺”，就是说人各有差，在人才的使用上，要用其所能，避其所短，即“授事以能，则人上功”，如果让他去做力不能及的事，只会劳而无功。再有，管子主张对推荐上来的人才进行一定的考核以辨明他的虚实真伪，保证人才质量的可靠性。

最后，《管子》蕴含着法治思想。作为辅政之臣，管子十分重视“法”的作用和力量，指出“法者，天下之程式也，万事之仪表也”，“法律政令者，吏民规矩绳墨也”。也就是说，法是治理国家最有效的手段，这极大地提高了法律的权威，体现了一种法律至上的思想。当然，仅仅有法还不行，更要严格公正地执法。管子很清楚，如果法律不能公正地执行，所立之法就是一纸空文，不能发挥任何作用。这就是所谓“罚严令行，则百吏皆恐；罚不严，令不行，则百吏皆喜（嬉）”。在执法时还需要注意三方面的问题：第一是严，“不为惠于法之内”，“不为一人枉其法”；第二是公，不分亲疏、远近、贵贱、善恶，一切“以度量断之”；第三是快，“有过者不宿其罚”，就是执行处罚不随意拖延，因为拖延就可能给别人以利诱之机。以上这些，都是为了最终维护法的尊严，做到“君臣上下贵贱皆从法”。这就是今天所说的法律面前人人平等，一切按照法律来裁决。在强调法治的同时，管子还不忘“礼”的作用，他提出“法出于礼，礼出于治。治、礼，道也”。可见，社会的稳定不仅需要法律的制裁，还需要道德的约束，道德与法治二者相辅相成，是两种重要的社会调控手段。

经典诵读：《管子》选读

德有六兴……所谓六兴者何？曰：辟田畴，利坛宅，修树艺，劝士民，勉稼穑，修墙屋，此谓厚其生。发伏利，输墆积，修道途，便关市，慎将宿，此谓输之以财。导水潦，利陂沟，决潘渚，溃泥滞，通郁闭，慎津梁，此谓遗之以利。薄征敛，轻征赋，弛刑罚，赦罪戾，宥小过，此谓宽其政。养长老，慈幼孤，恤鳏寡，问疾病，吊祸丧，此谓匡其急。衣冻寒，食饥渴，匡贫窭，振罢露，资乏绝，此谓振其穷。凡此六者，德之兴也。六者既布，则民之所欲，无不得矣。夫民必得其所欲，然后听上；听上，然后政可善为也。故曰德不可不兴也。(《五辅》)

德有“六兴”……什么叫六兴呢？是：开垦田野，建造住宅，研习种植，勉励士民，鼓励农耕，修缮房屋，这叫作改善民生。开发潜在的财源，疏通积滞的物产，修筑道路，便利贸易，重视迎送商旅往来，这叫作输导财货流通。疏浚积水，修通沟渠，疏畅回流，清除淤泥，打通河道堵塞，注意渡口桥梁，这叫作便民以利。薄收租税，轻征捐赋，宽减刑罚，赦免罪犯，宽恕小过，这叫作从宽执政。敬养老人，慈恤幼孤，救济鳏寡，慰问疾病，吊唁祸丧，这叫作救人之急。给挨冻的人衣服穿，给饥渴的人饮食，救助贫陋，赈济破败人家，资助赤贫，这叫作救人之穷困。这六个方面都是在兴举德政。这六项如能实行，则百姓的需求就得到了满足。只有人民的需求得到满足，才能够听从君主；只有百姓服从君主，政事才能办好。所以说德政是不可不兴的。

管子曰："修恭逊、敬爱、辞让、除怨、无争以相逆也，则不失于人矣。尝试多怨、争利，相为不逊，则不得其身。大哉！恭逊敬爱之道。吉事可以入祭，凶事可以居丧。大以理天下而不益也，小以治一人而不损也。尝试往之中国、诸夏、蛮夷之国，以及禽兽昆虫，皆待此而为治乱。泽之身则荣，去之身则辱。审行之身毋怠，虽夷貉之民，可化而使之爱；审去之身，虽兄弟父母，可化而使之恶。故之身者，使之爱恶；名者，使之荣辱。此其变名物也，如天如地，故先王曰道。"（《小称》）

管子说："修养恭逊、敬爱、谦让、除怨、无争的心态以互相对待，就不会失去人心。尝试多怨、争利，相互对待不讲恭逊，则自身难保。恭逊敬爱的道理太伟大了！遇有吉事可依此主持祭礼，遇有凶事可依此主持丧事。从大的方面看可以治理天下而不会不够，从小的方面看可以完善一人而不会多余。实行于中原、华夏、蛮夷之国以及禽兽昆虫的世界，都以它决定治乱。身上感染上它就有荣光，身上没有它就会受辱。认真地身体力行而不懈怠，即使是残戾凶暴的人也变化为相爱；如果抛弃了它，即使是兄弟父母也能变为相恶。所以，在身上使之或爱或恶，在名声上使之或荣或辱。其变化名物的作用，和天地一样大，所以先王称之为'道'。"

五 《韩非子》：先秦法家的集大成之作

秦始皇称誉韩非的文章

韩非是战国末期韩国贵族，早年曾与李斯一起受业于荀子，但成就却超过李斯许多。他的文章被收集整理为《韩非子》一书。

早在秦王嬴政（即后来的秦始皇）时期，有人将韩非的文章带到秦国，嬴政不知是韩非所作，在读到《孤愤》《五蠹》等篇后，大为赞赏，感叹道："我如果能够见到此人，与其同游谈论一番，就是死也无憾了！"站在一旁的廷尉李斯说道："这是我的同学韩非所作。"于是，秦国急攻韩国，索要韩非。韩王不得已，派韩非出使秦国。李斯嫉恨韩非的才能在己之上，便联合大臣姚贾趁机加以陷害。秦王听信了谗言，将韩非逮捕下狱。次年，韩非被逼自杀。

韩非虽死，他的思想和学说却继续被秦王嬴政所用，并最终帮助嬴政完成了统一六国的大业，建立了中国历史上第一个君主专制的中央集权国家——秦朝。

秦始皇为什么会对韩非的文章和他的思想有如此大的兴趣呢？

韩非的政治思想主要有三个来源：一是以商鞅为代表的法，二是以申不害为代表的术，三是以慎到为代表的势。此外，他还吸收了道家、儒家、墨家的一些思想加以融会贯通，构成了自己独到的见解，形成了臻于完善的法家思想体系，韩非本人也被誉为法家思想的集大成者。

韩非的政治理想是建立统一的中央集权国家，主要方法就是将“法”“术”“势”三者相结合。他说：“国位当车，势当马，法令当辔头，刑术当鞭策，就能赶好车、管理好国家。”所谓“法”，就是以法治国，法律不以君主的个人意志为转移，做到“矫上之失”“一民之轨”。所谓“术”是君主驾驭大臣的方法和策略，它与法一样重要，二者不可缺一，“君无术则蔽于上，臣无法则乱于下”。所谓“势”，就是权力和地位。失去势，君主就会大权旁落，权臣当道，国家就会灭亡。任势，就是实行中央集权，君主专制，实现富国强兵。

战国末期，秦国实力最强大，秦王嬴政希望结束诸侯割据和战乱，实现统一，建立中央集权的国家。韩非的主张正符合他的需要。《韩非子》一书真实、全面地体现了韩非的政治思想，系统地阐述了建立统一的中央集权国家的法治理论，是法家思想的集大成之作。

此外，韩非的历史观也是进步的，他认为时代是不断向前发展的，如果不从实际出发，只一味地赞美古代先王，师法古代，是十分荒谬的。既然时代变了，治国的措施就应随之改变。他还总结历史经验和教训，概括出一整套实现国家长治久安的道理，因此，利于国计民生也成为《韩非子》一书的主要特点。

正因如此，宋朝名相赵普说“半部《论语》治天下”，近代著名学者章太炎则称“半部《韩非子》治天下”。严复在上书光绪皇帝的“万言书”中也说：“在今天要谈救亡图存的学说，我想只有申不害、韩非子的大致可用。”其实，这里的两个“半部说”恰好合二为一，“霸王道杂之”也好，“外儒内法”也好，都说明儒、法思想在整体上的结合，成为封建社会中主流思想的构成基础，显示了一个时代精神支柱的基石，也说明儒家、法家的互补性和可合成性。

当然，不仅儒、法两家如此，它们与诸子百家也是互相渗透、相辅相成，形成了共同支撑我国传统文化，并从不同角度完成其历史使命的格局。

韩非愤世嫉俗之作

韩非的国家韩国是一个危难弱小的国家。韩国地处现在山西东南和河南中部一带，西邻秦国，南接楚国，东连齐国，北通赵、魏。它处于大国之间，据有兵家必争之地。秦要东进，吞并六国，统一天下，韩国首当其冲；六国西征，合纵攻秦，韩国必为战场。正如苏洵《六国论》所说："夫秦与诸侯争天下者，不在齐、楚、燕、赵也，而在韩、魏之郊；诸侯之所与秦争天下者，不在齐、楚、燕、赵也，而在韩、魏之野。"

身小势微的韩国虽位列诸侯，却是战国七雄中最为弱小的一个，经常受到他国的侵扰和欺凌。韩昭侯在位时，曾任用申不害为相，治理国家，韩国由此强盛起来。然而，申不害死后，新韩王继位，一些守旧势力代表趁机混进其中，他们整日在韩王左右非议朝政，诽谤陷害廉洁正直的大臣官吏，攻击申不害实行的新法，蒙蔽韩王以骗取宠信。这些"重臣"将韩王的权力架空，实际篡夺了国家的实权，致使韩国法令废弛、政治腐败、经济衰退，国势急转直下，最终不得不臣服于秦国，才得以苟延残喘。

《韩非子·存韩》中写道："韩事秦三十余年，出则为扞蔽，入则为席荐。"意思是韩国侍奉秦国三十多年了，出门就像常用的袖套和车帷，进屋就像常坐的席子和垫子。韩非以这样的文字，表达了对当时韩王暗弱昏庸的愤慨。

作为国姓宗亲，韩非在对韩国的现状表示不满的同时，也十分痛心和忧虑韩国。于是，他冒着生命危险，多次上书献策，要韩王实行改革，并写成《难言》《和氏》等文章，以和氏献璞自喻，进奏韩王，希望能改变当时治国不务法制、养非所用、用非所养的情况，但其主张没有被采纳。

忧愤之余的韩非并没有放弃自己的理想，他开始埋头著书立说，写出了《孤愤》《五蠹》《内外储》《说林》《说难》等名篇，分析当时的形势，评论各国的政治得失，从理论上系统总结了法家思想。

尤为可贵的是，《韩非子》虽然是一部政治学名著，但韩非凭借其精巧的构思、大胆的描写和幽默的语言，使文章于平实中见奇妙，具有耐人寻味、警策世人的艺术风格。特别是寓言故事连篇累牍，像老马识途、滥竽充数、守株待兔、买椟还珠等脍炙人口的成语均出自其中。

极具现代价值的法治思想

作为法家思想的集大成之作，《韩非子》一书所体现的法治思想，对当今社会主义法治建设具有借鉴意义。

首先，韩非继承了商鞅“刑无等级”的思想并加以发挥，在《韩非子》中提出“以法治国”“不别亲疏，不疏贵贱，一断于法”“法不阿贵”“刑过不避大臣，赏善不遗匹夫”等的主张。在韩非看来，除了制定法令的君王拥有不受法律惩罚的特权外，所有臣民一旦触犯法律，都要受到制裁。同样，如果小民有功，也应受到相同的奖赏，奖罚与身份无关。法的适用对象不包括君主，是韩非法治思想的局限所在；但他强调法律的重要性，要求平民与贵族在法律面前地位平等，这种观点相比“刑不上大夫，礼不下庶人”来说，是大有进步的。今天，在全面推进依法治国的进程中，我们更需要完善以宪法为核心的中国特色社会主义法律体系，尊重宪法，维护法律的地位和权威。与此同时，在执法、司法活动中坚持公民在法律适用上一律平等的原则，避免出现权力高于法律、私情大于法律的情况。

其次，《韩非子》有“因道全法”之说，这是强调立法要坚持科学性原则。“因道”就是遵循大自然普遍规律，“不逆天理”，“守成理，因自然”。“全法”是指顾全国家的制度法令，“不以智累心，不以私累己；寄治乱于法术，托是非于赏罚，属轻重于权衡”。“因道全法”意在表明治理家国天下需要着眼于大局，制定法律也要符合事物发展的客观规律。只有从现实和国情出发，法律才能发挥出应有的调整与规范社会关系的作用。

再次，《韩非子》提出“法与时转则治，治与世宜则有功”的观点。“法与时转”即法律必须因时制宜，积极适应时势的需要。这反映了韩非的进步历史观，他将固执坚持“先王之政”的儒者比为墨守成规的守株待兔者，于幽默中阐明了自己的主张，即制度措施应跟随时代的变化而改革。当前，随着社会主义市场经济的迅速发展，人与人之间的社会关系呈现出多样化的发展趋势，立法活动只有做到因时制宜，及时制定、修改法律使其适应社会的新变化，才能把新的社会关系纳入法律的管辖范围，使社会关系上升为法律关系，从而更好地保障人民的权益，处理社会纠纷，维护秩序稳定。

最后，《韩非子》说“法莫如一而固”，意思是法令要统一和相对稳定。这和“法与时转”并不矛盾。随着时势的变化，对法进行相应的变革，这是从大时代的高度来看问题；但就某个具体时间段而言，法令一旦制定，就应当有统一性和稳定性，如此人们才容易遵守，才能有明确的行为指导，做到有章可循。现代法治国家普遍遵守法律统一稳定的原则，它一方面要求立法机关制定的法律必须内部和谐统一，另一方面要求法律必须经过科学而系统的制定过程，杜绝朝令夕改。不稳定的法律不仅会损害当事人的实际利益，还会严重削弱法律的权威性，动摇人们对法律的信仰。

经典诵读：《韩非子》里的成语故事

滥竽充数

齐宣王使人吹竽，必三百人。南郭处士请为王吹竽，宣王说之，廪食以数百人。宣王死，湣王立，好一一听之，处士逃。(《韩非子 · 内储说上》)

齐宣王让人给他吹竽听，每次必得三百人合吹。有个姓南郭的先生请求给齐宣王吹竽，齐宣王很高兴地答应了，发给他的薪水跟那几百人的一样。齐宣王死后，湣王即位，他喜欢吹竽者一个一个地为他吹，本来不会吹的南郭先生只好逃掉了。这个小故事生动地说明：对于领导而言，用人要注重考察个人能力和工作效率；对于个人而言，须有真才实学，方能自立于世。

郑人买履

郑人有且置履者，先自度其足，而置之其坐，至之市而忘操之。已得履，乃曰："吾忘持度。"反归取之。及反，市罢，遂不得履。人曰："何不试之以足？"曰："宁信度，无自信也。"（《韩非子·外储说左上》）

郑国有个打算买鞋的人，他先量好自己脚的尺码，然后把量好的尺码放在座位上，去集市时却忘了带上。已经挑好了鞋，他才说道："我忘记带量好的尺码了。"于是返回家去取，等到再返回来时，集市已经散了，结果没有买到鞋。有人问他："为什么不用脚试呢？"他说："我宁愿相信量好的尺码，也不相信自己的脚。"这个小故事告诉我们：对待事物要尊重客观事实，随机应变，不能墨守成规，犯教条主义错误。

守株待兔

宋人有耕田者。田中有株，兔走触株，折颈而死。因释其耒而守株，冀复得兔。兔不可复得，而身为宋国笑。(《韩非子·五蠹》)

有个宋国人在田里耕作，田中有一个树桩，一只兔子奔跑时撞在树桩上碰断脖子死了。从此这个宋人便放下手中的农具，守在树桩旁边，希望再捡到撞死的兔子。他当然不可能再得到兔子，自己反而被宋国人所嗤笑。“守株待兔”和“刻舟求剑”(《吕氏春秋·察今》)，这两个寓言故事家喻户晓，其寓意有着相同之处：世上的事物总在不断变化，要用发展的眼光看问题，不能拘泥而不知变通。

六 《吕氏春秋》：中国历史上的“一字千金”之作

吸收众家之长而成

《吕氏春秋》是战国末期秦国相国吕不韦组织门客编写的一部著作，又称《吕览》。

吕不韦是富商，家累千金。他曾在赵国的首都邯郸经商。当时秦国的庶子异人正在邯郸做人质。因为他在秦国地位低下，赵国对他很不礼貌，其处境十分窘迫。而吕不韦则认为“此奇货也，不可失”。当时秦昭襄王立安国君为太子，而安国君最宠幸的华阳夫人没有子嗣。吕不韦抓住这点，通过各种手段，首先博得华阳夫人的信任，将异人过继给她，并改名子楚（因华阳夫人是楚国人）。安国君继承王位不到一年便去世，子楚便顺利地成为秦国的国君，即庄襄王。庄襄王即位后，为感谢吕不韦的大恩，拜他为相，封文信侯。我们看《吕氏春秋·序意》中有“文信侯曰”的文字，就是指吕不韦说的话。

庄襄王在位三年而死，其子秦王政（即后来的秦始皇）即位，时仅十三岁，尊吕不韦为相国，号称仲父。此时秦国的大政方针，都由吕不韦掌控。当时，吕不韦主张并致力于对六国的战争。他亲自率军消灭东周，使名存实亡的周天子不复存在，并对东方六国接连发动战争，取得重大胜利，大大扩展了秦国的疆域。在内政方面，吕不韦一反秦国传统的独尊法家的政策，广收天下之士，尤其是引进大量儒士。在经济上，吕不韦主张尚农的同时，也鼓励工商。这些举措为秦国统一天下奠定了坚实基础。

然而，吕不韦的诸多思想和政策，与秦王政是格格不入的，特别是他的势力严重影响到了秦王的权威。所以，秦王政在亲政后的第二年，便以吕不韦牵连嫪毐与太后的事件为借口，免去了他的相国之职，让他回到自己的封邑。两年以后，又将他徙居蜀地。吕不韦见大势已去，便饮鸩自杀。

《吕氏春秋》一书是吕不韦在秦王政六年（前239），也就是秦王政亲政前两年，召集门客共同编纂的。该书体现了吕不韦的思想和主张。全书分为纪、览、论三个部分："纪"按春夏秋冬十二个月分为十二纪，如春分三纪：孟春、仲春、季春。每纪包括五篇文章，共六十篇。"览"按照内容分为八览，如"有始览""孝行览""先识览"等，每览八篇，共六十四篇（如今"有始览"缺一篇，共有六十三篇）。"论"也是按内容分为六论，如

“开春论”“慎行论”“贵直论”等，每论六篇，共三十六篇。此外还包括一篇《序意》，即全书的序言，今本已残缺。可见，此书结构体系是十分完整的。

《汉书·艺文志》将《吕氏春秋》列为“杂家”，此后相沿不改，均将其视为“杂家”的代表著作。班固对“杂家”的解释是：“兼儒墨，合名法，知国体之有此，见王治之无不贯，此其所长也。及荡者为之，则漫羡而无所归心。”这种观点是很有道理的，特别是“兼儒墨，合名法”，点明了杂家的基本特点：“诸子之说兼有之。”

从《吕氏春秋》的内容来看，的确是这样。书中一百六十篇文章几乎包括了先秦诸子的全部思想派别，各家均占有一定比重。而吕不韦也不认为自己主宗哪一家，而只是收集各家学说，把它们掇拾在一起，编成一件“粹白之裘”：“物固莫不有长，莫不有短，人亦然。故善学者，假人之长，以补其短。”“天下无粹白之狐，而有粹白之裘，取之众白也。”西汉史学家司马迁则指出：“吕不韦乃使其客人人著所闻，集论以为八览、六论、十二纪。”“集论”就是把各种论文集纳起来。

然而，需要指出的是，《吕氏春秋》虽被列为“杂家”，却有一个贯穿全书的指导思想，这就是道家的自然主义。自然主义思想来源于《老子》："王法地，地法天，天法道，道法自然。"但《老子》中的自然主义思想有其不足之处，即忽视了主观能动性的作用。《吕氏春秋》汲取自然主义思想的同时，弥补了这一不足，主要表现在：一是以自然主义思想为准绳继承和批判先秦诸子学说，二是把自然主义思想运用到社会、历史、政治、军事、经济、文化等各个领域。也就是说，《吕氏春秋》的"杂"是博采众家之长的"杂"，不是一味地拼凑，而是在"杂"中有一条贯穿全书的思想主线。

史书记载，《吕氏春秋》成书后，吕不韦将其"布咸阳市门，悬千金其上，延诸侯游士宾客，有能增损一字者，予千金"。"一字千金"的典故即来源于此。可见，吕不韦对此书十分满意。

国相吕不韦为什么主持编纂这部书

讲到这里，我们有一个疑问：身为国相的吕不韦，理应日夜为国事操劳，为什么要主持编纂这样一部书呢?

要弄清这个问题，还是要从当时的政治形势入手来分析。当时，秦国统一天下的大势已定，六国诸侯已无力阻挡这一历史潮流。吕不韦清楚地认识到这一形势，并且凭着他政治家的敏感，感到秦国统一天下已经不是很困难的事了，而保持住天下才是真正困难的事。他曾说："胜非其难也，持之者其难也。"作为相国的吕不韦，必须考虑统一后的秦国如何治理，实行什么政策才能使秦国长治久安。

然而，秦国自商鞅变法以来，法家思想成为君主的主导思想，秦王政也不例外。而作为丞相的吕不韦，或许因为商人出身，他认为治国思想不应定于一尊，而是要兼容并包，只要是于我有利的，都应该加以应用。由此，君主和丞相之间的治国思想有了矛盾。比如，吕不韦反对法家纯用刑罚的统治方法，而主张刑德并用，以德为主："凡用民，太上以义，其次以赏罚。"他还提出"凡民自七尺以上属诸三官，农攻粟，工攻器，贾攻货"。这与秦国一贯执行的重农抑商政策互相抵制。于是，吕不韦开始召集门客汲取众家之长，编纂《吕氏春秋》，为的是将自己的治国思路和方略全盘托出，并以相国之位、仲父之尊，迫使即将亲政的秦王完全依照自己的主张行事，将自己的主张作为统一后的秦朝的治国纲领。这应该是吕不韦一生最大的愿望和"投资"回报了。在某种程度上,《吕氏春秋》是丞相吕不韦和秦王政政治博弈的产物。

还有两件小事，也反映了吕不韦编此书的意图。如前所述,《吕氏春秋》编成之后，吕不韦迫不及待地将其公之于众，并说谁能增删一字，赏千金。然而，当时竟没有能增损者。难道这部书真的太完美了吗?从该书的内容和文字来看，并非完美无缺，当时之所以无人改动，无非是“惮相国畏其势耳”。也就是说，吕不韦编纂和公布《吕氏春秋》是要向秦王示威，让秦王看看他相国的势力究竟有多大，从而迫使秦王即使亲政以后也要从行动到思想都受他的控制。另外,《吕氏春秋·序意》写道:“良人请问十二纪，文信侯曰：尝得学黄帝之所以诲颛顼矣，爰有大圜在上，大矩在下，汝能法之，为民父母……”这里吕不韦俨然把自己比作黄帝，把秦王政比作颛顼，希望秦王要像颛顼对待黄帝一样接受自己的教导。由此也可以看出吕不韦有着很强的政治野心，他自己虽做不成秦国的最高统治者，却希望做秦国的最高统治者的操纵者，架空秦王的权力。难怪秦王政对这位“仲父”如此痛恨，亲政后不久就罢免其官职，逼其自杀。

政治博弈中催生的不朽价值

《吕氏春秋》虽然是政治博弈的产物，但此书吸取了先秦各家思想的长处，又以一个主导思想统而合之，加之此书的编纂是为了治国安邦，因此，书中的很多思想都具有实践性，直到今天仍值得借鉴。

首先，《吕氏春秋》强调“平得于公”的行政原则。儒家经典《礼记·礼运》提出“大道之行也，天下为公”，但没有进行深入探讨。《吕氏春秋》则提出：“昔先圣王之治天下也，必先公，公则天下平矣。平得于公。”（《贵公》），并阐发实现社会“公正”“公平”的重要性和必要性。书中认为，圣人为了“公正”“公平”地维护百姓的利益，才建立国家行政制度，产生了天子、君主和官员等行政人员。而“公正”“公平”也是自然界的普遍规律：“天无私覆也，地无私载也，日月无私烛也，四时无私行也，行其德而万物得遂长焉。”（《去私》）因此，从天子到各级官员都应该效法自然界，真正做到“公正”“公平”。此外，本书还从正反两方面的历史经验，揭示了领导者确立公心才可以长治久安。像齐桓公出于“公正”而重用管仲，于是称霸；管仲死后，他出于“私心”重用几个谄谀之人，最终被害死。应该说，《吕氏春秋》超越了先秦儒家“见利思义”的思想框架，明确提出了“平得于公”的行政原则，把“公正”“公平”的地位提到了关乎国家政治稳定、社会长治久安的高度，这是有很大进步意义的。今天，随着社会上热点、难点、焦点问题的增加和各种利益冲突的加剧，我们只有秉持“公正”“公平”的处事原则，才能妥善解决问题和矛盾，安定社会秩序；与此同时，从政者也应当坚持“立党为公、执政为民”的原则，以一份公心，为百姓谋福。

其次，《吕氏春秋》强调“以民为本”的治国理念。民本思想是儒家尤其是孟子思想中的重要组成部分。《吕氏春秋》吸收了这种思想的精华，使之成为自己治国理论的重要方面。《务本》篇说：“安危荣辱之本在于主，主之本在于宗庙，宗庙之本在于民。”《爱类》篇则说：“人主有能以民为务者，则天下归之矣。”也就是说，民众是国家存亡安危的关键，治理天下首先要得民心。那么如何得民心呢？概括起来就是“顺民心”“爱利民”。具体而言，国家在制定和执行任何政策前，应该先了解民意：“故凡举事，必先审民心，然后可举。”（《顺民》）从政者还要满足百姓的基本物质欲望和精神需求，即

"人之情，欲寿而恶夭，欲安而恶危，欲荣而恶辱，欲逸而恶劳。四欲得，四恶除，则心适矣"(《适音》)。此外，为官者还要切实地为民众攘除灾祸，创造福祉。所谓"爱利民"就是爱民利民之道，"古之君民者，仁义以治之，爱利以安之，忠信以导之，务除其灾，思致其福"(《适威》)。如此，方能赢得民心，得到百姓的拥护。今日，中国共产党"以人为本"的执政理念与《吕氏春秋》"顺民心""爱利民"的思想一脉相承。作为从政者，应加强公仆意识，深入群众，了解民众疾苦，解决实际问题，成为联系政府和人民的桥梁以及各项惠民利民方针政策的落实者。

再次，《吕氏春秋》强调"德治"的重要性，说："行德爱人，则民亲其上，民亲其上，则皆乐为其君死矣。"(《爱士》)"德治"的内容包括：国家的官吏，无论是通过遴选还是任命，都必须是一个"有道德"的人。所谓"有道德"，就是注意修身，成为贤人。书中的提法是"治其身，反诸己"，包括节制欲望、摒弃奇技淫巧、崇尚廉洁、讲求诚信，等等。执政者对"道德"必须身体力行，即以榜样和模范行动来影响广大百姓。重视道德感和羞耻心在人的行为中的作用，发挥道德教育在改善社会风气、协调人际关系、维护社会秩序中的作用。作为治国方略，“德治”与“法治”同等重要，当前，我国强调“依法治国”与“以德治国”相结合，就是要充分发挥“德治”的道德作用，从根本上提高人民的素质和觉悟，推动社会主义改革事业的前进和“中国梦”的实现。

最后，《吕氏春秋》还保存了大量先秦时期科学文化方面的资料，如古代卫生医学、音乐、天文历法、农业生产技术等方面的知识，是当今学者研究中国古代文明的宝库，值得我们深入地发掘和利用。

经典诵读：《吕氏春秋》寓言故事三则

循表夜涉

荆人欲袭宋，使人先表澭水。澭水暴益，荆人弗知，循表而夜涉，溺死者千有余人，军惊而坏都舍。向其先表之时可导也，今水已变而益多矣，荆人尚犹循表而导之，此其所以败也。今世之主法先王之法也，有似于此。其时已与先王之法亏矣，而曰此先王之法也，而法之，以此为治，岂不悲哉？（《察今》）

楚国人想偷袭宋国，派人先在澭水（古水名，其故道为黄河所淤塞，已无遗迹可循，当在今河南境内）中设置渡河的标志。澭水突然上涨，楚国人不知道，按照标志夜里渡河，淹死的有一千多人，军队惊乱的状况就像城市里的房屋倒塌一样。当初他们事先设置标志的时候，是可以顺着标志渡河的，现在河水已经发生变化上涨了，楚国人还按照标志渡河，这就是他们之所以失败的原因。现在的君主要效法古代帝王的法度，与这种情况相似。他所处的时代已经与古代帝王的法度不适应了，却还说这是古代帝王的法度，应该效法它。用这种办法治理国家，难道不是很可悲吗？

刻舟求剑

楚人有涉江者，其剑自舟中坠于水，遽契其舟，曰：“是吾剑之所从坠。”舟止，从其所契者入水求之。舟已行矣，而剑不行，求剑若此，不亦惑乎？以此故法为其国，与此同。时已徙矣，而法不徙，以此为治，岂不难哉？（《察今》）

有个楚国人渡江，他的剑从船上掉到水里，他急忙在船边刻上记号，说："这里是我的剑掉下去的地方。"等船停了，就从他刻记号的地方下水去找剑。船已经移动了，可是剑却没有移动，像这样寻找剑，不是太糊涂了吗？用旧法来治理自己的国家，与这个人相同。时代已经改变了，可是法度却不随着改变，想用这种办法治理好国家，难道不是很难吗？

引婴投江

有过于江上者，见人方引婴儿而欲投之江中，婴儿啼。人问其故，曰："此其父善游。"其父虽善游，其子岂遽善游哉？以此任物，亦必悖矣。(《察今》)

有个从江边经过的人，看见一个人想把一个小孩扔到江中，小孩哭起来。这人问他为什么这么做，他说："这个小孩的父亲善于游泳。"小孩的父亲虽然善于游泳，小孩难道就善于游泳吗？用这种方法来处理事务，也一定是荒谬的了。

七 《庄子》：文学的哲学，哲学的文学

庄子与《庄子》

庄子，名周，战国时期宋国蒙城（今河南商丘一带）人，约生于公元前369年，约卒于公元前286年。《史记》记载，庄子早年曾做过漆园吏，至于什么是“漆园吏”，学界有两种解释：一说漆园为古地名，庄子曾在此做官；另一说庄子曾在蒙邑中为吏，负责漆事，总之他是做过小官。但时间不是很长，庄子就辞去了这一职务。

庄子生活的年代，诸侯纷争，战事频仍，社会动荡，人民处于水深火热之中。身处这样的环境，庄子感同身受，对昏君乱相及趋炎附势之徒无比憎恶，对苦难中的平民则寄予了无限的同情。辞官后的庄子虽然生活贫困，却不屈尊于权贵，有着自己的学说和理想，还带了一批弟子。后来，庄子的名声越来越大，楚威王就派使者带着重金请他当相国，却遭到了庄子的拒绝。从此再没有关于庄子入仕的记载。

庄子一生的思想学说主要收录在《庄子》一书中。《庄子》最早的著录见于《汉书·艺文志》：“《庄子》五十二篇。”然而，我们现在看到的《庄子》共三十三篇，分为《内篇》七篇、《外篇》十五篇、《杂篇》十一篇。也就是说，《庄子》未能完整地流传下来。关于这三十三篇的真伪问题，宋代的苏轼认为《杂篇》中的《让王》《说剑》“浅陋不入于道”，而《渔父》《盗跖》也属伪作。此后还有不少学者或从学术思想，或从文笔风格，或从历史事件出发，研究各篇的性质和归属，最终得出了一个为大多数学者所接受的观点：《庄子》的《内篇》为庄子本人所著，《外篇》和《杂篇》为庄子的门人和后学所著。可以这样说：《庄子》是一部辑录了以庄子为中心的原创理论，又包括其门人后学某些发展变化思想的庄子学派的文集。

接地气的政治与哲学思想

提到《庄子》，很多人认为它如同“逍遥游”一般漫无畛际、宏大辽阔，却不大“接地气”。其实不然，《庄子》中蕴含的政治、哲学思想，都是与现实社会紧密相关的。

先说政治思想。

前面说到，庄子生活的时代充满了战争和尔虞我诈，对于这种无道社会，庄子是非常厌恶的。他向往一种“至德社会”，这种社会没有等级差别，一切都是自然质朴，不仅人与人之间是平等和谐的，就连人与禽兽之间也能和平共处。然而，受到时代局限，庄子眼中的“至德社会”就是质朴宁静的原始社会，这实际上是对原始社会的美化，当然也是不可能实现的。

除了政治理想外，庄子还提出具体的政治措施。一是要顺应自然，无为而治，这就是要人们依照事物或事件的发展规律行事，不要以个人的主观成见看问题。二是反对独裁。庄子认为如果一切法度都出自君主个人意愿，那么要想把国家治理好是十分困难的。三是正己、用人。庄子提出统治者要想正人，必先正己，还要选拔“能其事者”担任各级官员，这与儒家思想有相通之处。

再说哲学思想。

庄子的哲学思想秉承老子而有所发展，特别体现在对“道”的认识上，因此被后人称为“老庄哲学”。在老子的基础上，庄子把“道”推广到社会生活及人性人格上，主张万物平等、物我平等，提倡摒弃成见，顺应自然。此外，在老子有关无与有、小与大、短与长、柔与刚、弱与强等事物相互依存、相互转化的基础上，庄子突出了事物之间的共同性以及相异性的相互转化，创建了“相对论”的认识论。这种认识论，推动了中国人认识世界的进程。庄子还向往和追求精神的自由，对于如何迈入精神自由之路，《庄子·逍遥游》中有着形象的描述。在庄子看来，一个人只有破除功、名、利、禄、权、势、尊、位的束缚，在利益面前“无己”，在事业面前“无功”，在荣誉面前“无名”，才可能实现身心的自由。这实际上就是“勿忘初心”，体现了庄子的为人处世哲学。

哲学与文学的美好结合

作为道家的重要典籍，《庄子》博大而厚重、奇异而诙谐，是一部把深刻的哲学思想和美妙的文学意境结合得浑然天成的著作，被称为“文学的哲学，哲学的文学”，对后世产生了巨大影响，特别表现在宗教和文学两个方面。

道教是中国土生土长的宗教，《庄子》对道教的影响最大。我们熟知的许多道教术语，如“天师”“道人”“真人”“全真”等都来自《庄子》。唐代著名道士吴筠在论证人可以成仙时，还引《庄子》为证。另外，《庄子》中的许多理论，如对“道”的重视、对人生短暂的认识等，都被道教所吸收。正因为《庄子》与道教关系密切，后人乃尊庄子为南华真人，称《庄子》为《南华真经》，不少道士为《庄子》一书作了注。

佛教虽然在两汉之际就已传入中国，但真正兴起还是在魏晋时期。魏晋时，佛教中较为著名的本无宗、心无宗和即色宗均受到庄子思想的影响，其中即色宗的代表人物支道林更是《庄子》研究专家。《庄子》对后来的禅宗影响尤大，禅宗所提倡的顿悟境界、不道之道、不执着、不分别、物我为一的自然境界等，都可以在《庄子》中找到思想源头。

《庄子》不仅是一部优秀的哲学著作，其文学成就在先秦诸子中也是最为突出的。具体而言，《庄子》一书想象丰富奇特，意境开阔，特别是它能将奇特的想象与深刻的哲理巧妙地结合，这对后世浪漫主义文学产生了巨大影响。此外，《庄子》善于用讽刺的手法、幽默的笔触去揭露黑暗，抨击邪恶，讥讽当权者的虚伪与趋炎附势之人的卑下，尤为入木三分。《庄子》中还大量使用寓言、故事、对话、比喻来说明道理，化不好理解的抽象理论为生动可感的艺术形象，称《庄子》为一部寓言故事集，也不为过，像“邯郸学步”“朝三暮四”等均出自其中。再有，《庄子》叙事重神轻形、重意轻言、重视自然的风格也为后世文学理论家所接受和发扬。

现代价值

作为先秦诸子中一部杰出的哲学著作，《庄子》所蕴含的思想和智慧至今仍有现实意义。

《庄子》一书蕴含着丰富的“和谐”理念。“和谐”的第一点表现为人与自然的和谐，即天和，是指自然界和人类社会和谐共生、和睦共处的理想状态。《庄子》中说：“夫明白于天地之德者，此之谓大本大宗，与天和者也；所以均调天下，与人和者也。”这里既讲了天和，也讲了人和。而庄子尤其强调人与自然的和谐统一，认为这种状态是事物协调完满、充满生命力的最佳状态。保持和谐，世界就充满生机，就兴旺进步；和谐受到破坏，事物就向相反方向转化，无论是生态、世态还是身心状态，就会失调、失序、失衡。为此，庄子强调要循天之道、顺物之性，还要与外物和平共处、互不伤害。“和谐”的第二点表现为人与人的关系和谐，即人和，是指人与人之间和睦相处，社会秩序公正、平等，道德风尚良好的社会理想状态。为实现人际关系和谐这个目标，《庄子》一书提出了一个十分完整的纲领，这就是："鱼相忘乎江湖，人相忘乎道术。"庄子希望人与人之间相处，像鱼和鱼同游于水中那样，自适其适，自然而然，真正做到"君子之交淡如水"。"和谐"的第三点表现为个人内心世界的和谐，即己和或心和。《庄子》用了很多寓言故事，告诉人们达到"己和"的方法，像不为物役、心胸开阔、宠辱不惊、宽容大度、知足常乐。从"天和"到"人和"再到"己和"，构成了《庄子》的"和谐"思想体系，也体现了庄子的人生哲学，这一思想对当前人们正视幸福观，以及建设社会主义和谐社会颇有借鉴意义。

另外，《庄子》体现着一种独特的自由观。诚然，由于受到时代及认识的局限，庄子的自由观有一定的局限性，比如强调自由的绝对化，其自由观中带有厌世、避世思想，等等。但其中的积极因素，也应该受到重视。庄子提倡超迈旷达的人生态度，追求清廉正直、真实无虚的理想人格，以及不为富贵名利所动的精神，这对中国人乐观、豪放性格的塑造起了巨大作用，同时有助于提高人们的思想道德境界。另外，庄子以人的完整生命为起点思考人应当度过一个怎样的生活旅程，这种“自由观”可以引导人们珍爱生命，以豁达的心态看待一切事物，及时调节负面情绪，保持愉快、开朗的心境。再有，庄子的“自由观”，追求的是“逍遥游”型的理想人格，它引导人们树立遵循自然规律的理性意识、不为物累的超然品格、物我为一的高超视域、“不与物迁”的独立风骨。

经典诵读：《庄子》故事二则

庄周梦蝶

昔者庄周梦为胡蝶，栩栩然胡蝶也，自喻适志与，不知周也。俄然觉，则蘧蘧然周也。不知周之梦为胡蝶与？胡蝶之梦为周与？周与蝴蝶，则必有分矣。此之谓物化。(《齐物论》)

从前庄周梦见自己变成了蝴蝶，一只轻快飞舞的蝴蝶，他自己感到非常愉快和惬意，竟然忘记了庄周是谁。突然间醒过来，发现自己分明是卧在床上的庄周。不知道是庄周梦中变成了蝴蝶呢，还是蝴蝶梦中化为了庄周？庄周与蝴蝶必定是有区别的。这种现象就叫作物、我的交合与变化。

濠梁之辩

庄子与惠子游于濠梁之上。庄子曰：“儵鱼出游从容，是鱼乐也。”惠子曰：“子非鱼，安知鱼之乐？”庄子曰：“子非我，安知我不知鱼之乐？”惠子曰：“我非子，固不知子矣，子固非鱼也，子不知鱼之乐，全矣！”庄子曰：“请循其本。子曰‘汝安知鱼乐云’者，既已知吾知之而问我。我知之濠上也。”（《秋水》）

庄子和惠施在濠水桥上游玩。庄子说：“儵鱼在水里悠然自得，这是鱼的快乐啊。”惠子说：“你不是鱼，怎么知道鱼的快乐呢？”庄子说：“你不是我，怎么知道我不知道鱼的快乐呢？”惠子说：“我不是你，固然不知道你的想法；你不是鱼，你也不知道鱼的快乐，这就完整准确了！”庄子说：“请回到我们开头的话题。你说‘你怎么知道鱼快乐’这句话，说明你已经知道我知道鱼的快乐才来问我。现在我来告诉你，我是在濠水桥上知道的。”

八 《荀子》：先秦思想集大成之作

荀子与《荀子》

战国末年，在大一统局面即将形成的前夜，中国思想界出现了一位唯物主义哲学的集大成者。他受教于儒家，却没有受儒家思想的束缚，反而在某些观点上成为儒家内部的反对派；他又不是法家，但著名的法家人物韩非、李斯却是他的学生。这个人就是荀子。

荀子名况，字卿，战国末期赵国人，生卒年不详，晚于孟子百年左右。西汉时因避汉宣帝刘询的讳，改“荀”为“孙”（因“荀”与“孙”二字古音相通），故又称孙卿。荀子从小就接受儒家思想的教育，精通《诗》《礼》《易》《春秋》，正是基于这个原因，后世一些学者认为他是继孔、孟之后的又一位儒学大师。

后来，荀子离开了自己的家乡赵国，到齐国首都临淄（今山东淄博）“稷下学宫”去求学。稷下学宫本来是齐国一座古老的学校，后来齐国国君为了招揽各国学者前来齐国讲学，在稷门旁开辟了大道，并给来稷下的学者以“列大夫”的头衔，让他们就国家治乱的问题，提出自己的见解和主张，供国君参考。当齐宣王和湣王之世时，先秦各大思想派别的代表人物，如法家的慎到

（赵人）、道家的环渊（楚人）、阴阳家的邹衍（齐人），都到过稷下。儒家的孟子（邹人）还见过齐宣王，向其宣传过他的"王道"。稷下学宫充满了百家争鸣的气氛，不同派别、有着不同思想的大师们，在这里各抒己见，相互辩论，以宣扬自己的主张。在这种环境下，荀子认识到：现在各诸侯国有不同的政策，百家有不同的学说，其中必定有是有非，有治有乱。于是，他不再墨守儒家一家之言了，但也不是放弃儒家而另投他家，而是批判地吸收各家之长，兼取儒、道、墨、法等诸家思想，终使自己成为战国后期一位集大成的思想家。这是符合时代发展需要的。《荀子·非十二子》一篇最为集中地反映了荀子对先秦诸子思想的批判和总结。

学成之后的荀子，在稷下学宫做过官，也到过秦国，最后到了楚国，楚相春申君任命他为兰陵令。春申君被害后，荀子废居兰陵（今山东苍山），主要从事著书和讲学的活动，李斯和韩非大约就是在这一时期，同时向荀子学习的。

荀子的思想被集中记录在《荀子》一书中。对于这部书，世人争议不大，一般认为它的大部分章节均出自荀子之手，只有极少数篇章是荀子的学生或门人记录其言行编纂而成。像梁启超、郭沫若就认为《荀子》中的《君子》《大略》《宥坐》《子道》《法行》《哀公》《尧问》《仲尼》等八篇，不是荀子自著，而是荀子的门人杂录或后人附益而成。至于《荀子》一书的篇数，西汉刘向校书时说有三百二十二篇，去其重复，定为三十二篇，取名《孙卿新书》。唐人杨倞则把三十二篇分为二十卷，次序略作调整，并为之作注，取名《荀卿子》，从此杨倞的《荀子》注本便作为通行本流传于世，遂成定本。到了清末，王先谦采纳众家之说而著成《荀子集解》，是清儒中最完善、最精详的注本。

综观《荀子》一书，其思想博大精深，内容极为丰富，自然、社会、哲学、政治、经济、军事、文学等皆有涉猎，堪称我国思想史上的一座丰碑。

唯物思想、性恶论、治国理想及其他

作为一位进步思想家，荀子对宇宙自然有着自己的看法。儒家认为“天”是有意志、有精神的宇宙万物的主宰者，这就是所谓的“死生有命，富贵在天”。荀子认为这是一种唯心主义“天命论”，在对其进行尖锐批判的基础上，他吸收了道家“天道自然”的宇宙观，提出“明于天人之分”的唯物主义自然观。他认为“天行有常，不为尧存，不为桀亡。应之以治则吉，应之以乱则凶”，天是无意志无目的的自然界，有自己的运行规律，不以个人的意志为转移，社会的治乱和国家的兴亡是人为造成的，与天没有关系。荀子还提出了“制天命而用之”的口号，认为人们只要发挥自己的主观能动作用，认识、掌握自然规律，就能改造和利用自然界。荀子的这一思想具有划时代的意义，后人强调荀子是唯物主义哲学家，就是从这一点出发的。

在人性论上，荀子批判了孟子的“性善说”，而提出了“性恶说”。正是基于这一点，有学者特别是儒家学者对荀子展开批判，甚至将其开除出“儒家”之列。荀子的“性恶说”认为人的本性“固无礼义”，不像孟子说的那样天生是善的，而是恶的，是充满了对物质欲望的渴求的。人性虽不可改变，但可以改造，荀子要求人们通过不断的学习、实践来改造“恶”的人性。从这一点看，无论是以性恶还是以性善为理论出发点，从提倡人们后天积极学习、提高修养这一点来说，都是有进步意义的。

在治国上，荀子的理想是建立一个“四海之内若一家”“天下为一”的中央集权制国家，“隆礼”“重法”是其政治理论的核心内容。荀子认为，礼可以制约人们的情欲，约束人们的行为，因此是治国之本，关系到国家的生死存亡。除了礼之外，法也是必不可少的手段，治理国家必须礼法并重。此外还要做到“尚贤任能”“赏功罚过”。在治国方法上，荀子批评了孟子“法先王”的复古思想，明确提出要“法后王”，强调要从现实生活中考察过去的历史，而不要盲目崇古。在经济上荀子提倡以农为本、开源节流、节用裕民、上下俱富。

在认识论上，荀子继承了孔子“学而知之”的思想，在肯定人具有认识事物的能力的同时，强调人们要经过不断的努力学习、实践，依靠外界客观条件获得丰富的知识。当然，仅仅获得知识还是不行的，还要有“行动”。荀子特别重视“行”的作用，认为“行”才是认识的归宿和终点，他说“知之不若行之”，“学至于行之而止”。

此外，《荀子》一书还有很高的文学成就。荀子本人就是一位出色的散文家。荀子的散文脉络清晰，论证严密，气势磅礴，善用譬喻，言辞优美。郭沫若在《十批判书·荀子的批判》中这样评价荀子文章的特色：

> 荀子的文章颇为宏富……他以思想家而兼长于文艺，在先秦诸子中与孟轲、庄周可以鼎足而三，加上相传是他的弟子的韩非，也可以称之为四大台柱。孟文的犀利，庄文的恣肆，荀文的浑厚，韩文的峻峭，单拿文章来讲，实在是各有千秋。

总之，荀子作为一位杰出的哲学家，对后世产生了深远的影响，如东汉王充“天地合气”“万物自生”的思想，唐代柳宗元“功者自功，祸者自祸”的理论，刘禹锡“天与人交相胜”的说法，等等，都有荀子“天人之分”“人定胜天”自然观的影子。此外，像汉初政论家贾谊、晁错，宋代的王安石等，也从荀子散文中汲取了丰富的营养。

荀子及其学说的浮沉

荀子去世后，其学说在浮沉升降中得到继承和发展。在秦代，荀子的学说得到尊奉。荀子的学生李斯在秦始皇身边时，常常引用他的话来增强说服力。到了汉代，荀子的威望进一步提升。西汉史学家司马迁在《史记·儒林列传》中说，自孔子死后，“孟子、荀卿之列，咸遵夫子之业而润色之，以学显于当世”。他还把荀子和孟子并列，写成《孟子荀卿列传》。西汉儒学家董仲舒的“大一统”思想，也与荀子有一定的联系。

三国两晋南北朝直至隋唐时期，荀子学说都是受到褒扬的。唐代思想家、文学家柳宗元就非常尊崇荀子，经常引用《荀子》中的语言来增强自己文章的说服力，比如他的《封建论》一文就引了《荀子·劝学》中有关“善假于物”的表述，还特别标明“荀卿有言”。学者杨倞称颂荀子是“真名世之士，王者之师”，评价《荀子》一书“立言指事，根极理要”，可以“羽翼六经，增光孔氏”。为此，他重新整理了《荀子》一书，并为之作注，对《荀子》一书及荀子学说的流传起到了很大的作用。

然而，到了宋明时期，荀子的学说被打入冷宫，根本原因是宋明理学兴起，其观点与荀子格格不入。比如理学认定“行事在天”，而荀学要“制天命而用之”；理学认定“格物致知”，而荀学认为“学而知之”；理学认定“天人合一”，而荀学认为“天人相分”。特别是针对荀子的“性恶论”，北宋理学家程颢、程颐说：“荀子极偏驳，只一句性恶，大本已失。”当然，这一时期也有一些思想家站在公正的立场给予荀子肯定的评价，像明代的归有光、李贽等就是其中的代表。

清代，随着理学的衰微，人们对荀子的学说又开始重视起来。他们甚至认为荀子的思想超过了孟子，并常将其与孔子并列。此外，学者们对《荀子》一书也进行了整理和研究，出现了一大批为《荀子》作注的著作。到了近代，荀子更被当作汉学宗师来推崇，正如梁启超所说“汉代经师，不问今文家古文家，皆出荀卿。二千年间，宗派属变，壹皆盘旋荀子肘下”。

现代价值

作为一部集先秦诸子思想之大成的著作，《荀子》一书在当今仍有很高的思想价值。

首先，《荀子》谈到了修身学说。荀子讨论的修身的主体，即修身的实践者，上自天子，下至众庶百姓，即社会上的各色人等，均被他纳入修身学说的范围。换句话说，荀子认为，所有社会成员都应该注意修身，使自己的所作所为合乎规范。在这一基础上，荀子提出修身的第一方面是要先注重举止风范。这是因为在社会交往中，一个人的举止风范是给予对方的第一印象，非常重要，荀子就说：在行走时要恭敬谨慎，就像站在泥淖中一样，同时头部略微前俯，表示谦虚谨慎，切不可大摇大摆，那样会给人以目中无人之感。修身的第二方面是注重言谈，荀子讲言谈之法时说：谈话者的态度要庄重、端正、诚恳；坚持正确意见，不苟且退让，同时要善于用譬喻，有层次地说明自己的观点，对重要的内容，要兴致勃勃地讲出来，表现出珍惜、贵重、神圣的样子。修身的第三方面是重视道德修养。其中“善”和“诚”是荀子尤为强调的，他说：

> 见善，修然，必以自存也。见不善，愀然，必以自省也。

又说：

> 君子养心莫善于诚。致诚则无它事矣，唯仁之

为守，唯义之为行。

此外，荀子还列举了一系列的修身方法，如择居慎立、博学省己、尊师重礼择友、注重实践、持养德操等。可见，荀子关于修身学说的论述是相当全面的，这些思想对我们为人处世不无借鉴。

其次，《荀子》蕴含着公平公正思想。荀子要求“论德而定次，量能而授官，皆使人载其事，而各得其所宜”。也就是说，社会层级结构对人应是开放性系统，要提供给人公平的竞争机会。不同能力的人，只要努力充实自己，发挥才学以贡献社会，社会就会视其贡献的大小，而反馈以相应的回报；反之，一个人若不珍惜既有的社会职位，不但不努力贡献社会，反而有负于社会分工中的应尽职责，则应降职甚至受到处罚。这就是“无德不贵，无能不官，无功不赏，无罪不罚”。此外，荀子还提出“公生明，偏生暗”，特别是法律的制定必须做到公正无私，所谓“公道达而私门塞，公义明而私事息”。只有相关法律的制定是公正的，法律面前才能人人平等。在执行赏罚时也应对事不对人，做到分明与合情合理。

最后，荀子非常重视学习。《荀子》一书开篇就是《劝学》，其中说："吾尝终日而思矣，不如须臾之所学也。"荀子认为，学习是道德品质形成的前提，没有学习就不能形成良好的品德。学习是一个循序渐进的过程，所谓"不积跬步，无以至千里；不积小流，无以成江海"。另外，荀子还洞察到了"学—思—行"的学习步骤，无论是学还是思，最终都要用于实践，这比孔子的"学而不思则罔，思而不学则殆"前进了一大步。而在学习的过程中，学习者要始终保持精力专一，不能为成见所束缚，要重视知识的积累，培养"锲而不舍"的学习精神。

经典诵读：《荀子》典故二则

跛鳖千里

跬步而不休，跛鳖千里；累土而不辍，丘山崇成；厌其源，开其渎，江河可竭；一进一退，一左一右，六骥不致。彼人之才性之相县也，岂若跛鳖之与六骥足哉？然而跛鳖致之，六骥不致，是无他故焉，或为之或不为尔。道虽迩，不行不至；事虽小，不为不成。（《修身》）

半步半步地走下去，瘸腿的乌龟也能走一千里；不停地堆积泥土，山丘终能堆成；堵塞水源，外开渠道，长江、黄河也会枯竭；一会儿前进，一会儿后退，一会儿向左，一会儿向右，就是六匹骏马拉车也不能到达终点。人与人之间才性的差别，哪有瘸腿的乌龟和六匹骏马那样大呢？然而，瘸腿的乌龟能够到达目的地，六匹骏马却不能，这没有别的原因，只是一个坚持去做，一个不做吧。路即使很近，但不出发就不能到达；事即使很小，但不动手就不能成功。

浮阳之鱼

鯈鉢者，浮阳之鱼也，胠于沙而思水，则无逮矣。挂于患而思谨，则无益矣。自知者不怨人，知命者不怨天；怨人者穷，怨天者无志。失之己，反之人，岂不迂乎哉！（《荣辱》）

鯈鱼和鱼，是喜欢浮在水面感受阳光的鱼，所以称为浮阳之鱼。可一旦它们搁浅在海滩上再想回到水里，那就来不及了。遇到灾患再想谨慎，那也没有用了。有自知之明的人不埋怨别人，知道命运的人不埋怨上天，埋怨别人的人就会困窘，埋怨上天的人没有见识。失误在自己，却反过来责难别人，难道不是离事实太远了吗？

九 《鬼谷子》：纵横学派的奠基之作

鬼谷子其人其书

鬼谷子又被称为“鬼谷先生”“鬼谷神生”，根据横秋阁本长孙无忌《鬼谷子序》的记载，鬼谷子是楚人，因隐居在鬼谷这个地方而得名。至于鬼谷子的详细情况，见诸史籍者寥寥，加之民间对其身世有着不同的传说，使他成为中国历史上一位“蒙上重重迷雾”的人物。

对鬼谷子的记载，最早可见于司马迁的《史记》。《史记·苏秦列传》说苏秦“东师事于齐，而习之于鬼谷先生”,《史记·张仪列传》则说张仪“始尝与苏秦俱事鬼谷先生，学术，苏秦自以不及张仪”。张仪、苏秦是战国时期纵横家的代表人物，他们的老师就是鬼谷子，这一观点至今仍被多数学者所接受。而到了晚唐，民间又出现了鬼谷子是军事家孙膑和庞涓的老师的说法。

关于鬼谷子的名字，宋人李舫《太平广记》卷四引《仙传拾遗》云：“鬼谷先生，晋平公时人，隐居鬼谷，因为其号。先生姓王名栩，亦居青溪山中。”宋末元初人马端临《文献通考·经籍考》说：“陆龟蒙诗谓鬼谷先生名训，不详所从出。”明人李杰《道藏目录详注》记载：“鬼谷先生，晋平公时人，姓王名诩，不知何许人，受道于老君。”《嘉庆重修一统志》则说：“鬼谷子，姓王名诩，楚人。尝入云梦山采药得道。”王栩、王诩、王训，究竟哪一个是鬼谷子的真实姓名呢？直到今天也没有一个确切的结论。更有学者提出，这三个名字都不是鬼谷子的真实姓名，而是后世道士或道教徒为了神化鬼谷子伪托的。

至于鬼谷子的生活年代，历代也有着不同的看法。唐高宗时学者李善在给《文选》作注时引《鬼谷子序》说：“周时有豪士隐于鬼谷者，自号‘鬼谷子’。”裴骃《史记集解》引《风俗通义》则说：“鬼谷先生，六国时纵横家。”南朝梁萧绎在《金楼子》中又说：“秦始皇闻鬼谷先生言，因遣徐福入海求金菜玉蔬。”甚至有人提出，东汉时文人蔡邕曾经到过一个叫清溪的地方拜访鬼谷子，并在一首游仙诗中对清溪这样描写道：“青溪千余仞，中有一道士。借问此何谁？云是鬼谷子。”从周朝一直到东汉，都有鬼谷子的身影，这是不可能的。

历史上对鬼谷子的身世众说纷纭，其原因应该是最初缺乏史料。可以肯定的是，在历史上鬼谷子确有其人，并非不老真仙。据现代学者研究和考证，鬼谷子生活在战国时代，是诸子百家中的一位著名人物（按钱穆《先秦诸子系年》推算，其活动年代大约在前390年至前320年之间）。他学识完备、出类拔萃，是我国古代纵横家之祖，也是游说理论的奠基者和传播者。有学者对此作了进一步解释：人的行为和思想是其生活时代的反映。战国时代，游说之风盛行中国、游说之士纵横天下，社会发展的这一特定阶段要求对游说之业进行理论上的概括、总结与指导，这是鬼谷子出现和存在并声名显赫的基本条件。再结合《史记》等著作来看，他是苏秦、张仪的老师，又传说他还是孙膑、庞涓的老师。苏、张、孙、庞都是战国时期的人物。因此鬼谷子就只能略先于他们，但仍然处在同一时代，具体地说，他当是公元前4世纪至前3世纪的人物。其他说法，大略是说者借其名而欲荣己身的手段而已。

鬼谷子一生的思想集中在《鬼谷子》一书中。《鬼谷子》是鬼谷子及其弟子集体编撰而成，其主体应为鬼谷子亲著。今日通行本《鬼谷子》分上、中、下三卷，共十七篇。这是西晋时期，皇甫谧给此书作注时就已经定下的。其中上卷四篇，中卷十篇，下卷三篇。下卷三篇的内容已杂有佛、道思想，由言谈之术转向内在修养，与前两卷不相连贯，文笔、语气也判若两人，被认为其弟子或后人有所增益。可以说，尽管《鬼谷子》一书在流传过程中出现了残缺，也有部分内容为后人所加，但该书仍体现了鬼谷子及纵横家的总体风貌。正因如此，有人提出应将《鬼谷子》与《战国策》对读，因为前者探讨的是纵横学的原理、原则与游说技巧，后者则记录了纵横之士的实际言论及游说的效果。

纵横家与鬼谷子理论的形成

纵横家是战国时期诸子百家中的一个派别。所谓“纵”，也称合纵，即“合众弱以攻一强”，就是诸弱国联合起来抵抗一个强国，以防止被强国兼并。所谓“横”，也称连横，即“事一强以攻众弱”，就是由强国拉拢一些弱国进攻另一些弱国，以达到兼并别国的目的。合纵和连横是战国时期的诸侯国在激烈的政治、军事、外交、经济斗争中产生的有效的斗争形式和策略。特别是随着战争领域的拓宽、战线的拉长和情况的日渐复杂，各诸侯国间的拉拢与国务活动空前活跃，合纵连横运动也随之逐渐形成并频繁起来。可以说，正是礼崩乐坏、诸侯攻伐、士人奔波于各国之间以言谈谋略谋取官位的战国时代特征，使鬼谷子及他的高足弟子们登上了历史舞台，同时造就了纵横家以及纵横学派。后人将鬼谷子定为战国时人，在很大程度上也是依据于此。

战国末期法家的韩非还总结了纵横家思想的一些特征：其一，作为学派而言，纵横家实质上相当于今天所言的“技术型”人才，他们自己并无一定的政治主张，有人甚至先持这种主张，不成则改行另一主张。他们的共同点实际是在“游说方法”的研究上面。其二，他们不是为了宣传什么哲学思想或者达到什么社会理想而游说国君，他们的个人目的很明确，就是希望参与国家管理，争取在国家事务中发挥自己的能力。韩非说他们“借力于国也”，说他们以言谈而“有贵之尊”，都是就此而言的。其三，他们言务为辩，声求其美，讲究表达方式与言辞之动人。应该说，韩非的总结是大体符合事实的。

由于纵横家不为宣传哲学思想，所以纵横派学说往往是根据实践经验并吸纳其他学派的思想而成，就鬼谷子个人而言，也是这样。

第一，鬼谷子的理论，是在春秋以来从政士人的实践活动中不断积累形成的。春秋战国时代的士人在各诸侯国之间进行交结、盟会、游说，为了本国利益，他们总要千方百计说动或压制对方，不讲究写文章（包括书信、上书、陈辞、外交辞令等）和说话的技巧当然是不行的，更不能不了解对方国家的基本情况以及主政者的地位、经历、能力、学问、性格等。鬼谷子对先前这些经验和技巧作了全面的吸收和总结，并悟出一些道理，总结出一套理论观点。像《鬼谷子》中提到的“捭阖”“反应”“符言”等概念都是此前诸子之书未见到的。

第二，鬼谷子对道家的思想吸收尤多。比如《鬼谷子》中说的“欲高反下，欲取反与”的理论，就同老子的“将欲夺之，必固与之”一致。此外，老子主张：清静无为，在天为神，法天法地，因循自然，从而达到“无为而无不为”。鬼谷子则主张：想实现自己的抱负，对诸侯进行游说时要做到“人言者动也，己默者静也……以无形求有声……道合其事，彼自出之，此钓人之网也”。即在无形中求有形的东西，因循事态的发展，达到“反而求之”的目的。正因如此，后世有学者将鬼谷子纳入道家学派。

第三，鬼谷子对儒家思想也有吸收。儒家学说强调“道德仁义”和“圣人治天下”。《鬼谷子·内》说：“故圣人立事，以此先知而万物。由夫道德、仁义、礼乐、计谋，先取《诗》《书》，混说损益，议论去就。”可见鬼谷子也是推崇圣人立事之道的，其本意也与儒家以“四书五经”为纲、以仁爱为中心的思想相一致。此外，鬼谷子提出圣人教化万民的观点，也与孔孟思想相通。

第四，鬼谷子的理论还融有法家的思想，特别在对“权势”“赏罚”的论述上。鬼谷子提出：“古之善用天下者，必量天下之权。”统治者想治理好国家，就要建立奖罚制度：“用赏贵信，用刑贵正。赏赐贵信，必验耳目之所闻见，其所不闻见者，莫不暗化矣。诚畅于天下神明，而况奸者干君。右主赏。”

第五，鬼谷子理论中还闪耀着军事家的智慧，正因为此，战国时代叱咤风云的军事家孙膑、庞涓才“俱学兵法”于鬼谷子门下。而且，从常理推断，在兵戈频仍的战国时代，纵横家欲游说各国君主，若不通兵法，是不可能取得成功的。

极具实用价值的鬼谷子思想

可以看到，鬼谷子的思想是以实用主义为基调的，它吸取了先秦各种能为其所用的思想，为的是能够得到国君的赏识并推行自己的主张。由于这种思想过分地追求结果和强调人在社会中所起的作用，所以《鬼谷子》就有讲阴谋和权术，以及与仁义、忠信相悖的言论，这是在战国时代“无义战”的特殊背景下产生出来的，我们不应苛责，但在当今社会，这类言论和观点是应该被批判和摒弃的。当然，这并不是要否定《鬼谷子》一书的价值，作为纵横学派的代表作，《鬼谷子》中不少思想对我们的现实生活和人际交往有着启发，有些思想甚至是先秦各家著作中独有的，这就需要我们秉持批判的继承的态度对这本书加以利用。

首先，《鬼谷子》受到了道家哲学的影响，蕴含着辩证法的思想。它认为世界上的事物都存在对立统一关系。仅《捭阖》一篇提到对立概念的句子就有“或阴或阳，或柔或刚，或开或闭，或弛或张”，“夫贤不肖、智愚、勇怯有差，乃可捭，乃可阖；乃可进，乃可退；乃可贱，乃可贵，无为以牧之”，等等。它还认为事物是变化的，不是一成不变的。如《捭阖》篇说："变化无穷，各有所归。""阳动而行，阴止而藏。阳动而出，阴隐而入。阳还终阴，阴极反阳。"又如《忤合》篇写道："世无常贵，事无常师。"它更指出事物之间是相互联系的，而不是孤立的，这也是《鬼谷子》一书立论的基础。可以看到，辩证思想贯穿于整部书中，这实际是告诉我们要用全面、联系、矛盾的观点去看问题。

其次，《鬼谷子》分析人的心理，研究人的感觉、知觉、情感、意志、思维等心理与行为的关系问题，提出一些观察、试探人的心理的方法，指出在交际时从心理学的方面我们应该注意些什么。书中说道："筹策万类之终始，达人心之理，见变化之朕焉。"这或许是我国古代文献中最早提出"心理"这个概念。书中还提出"探心""摄心"等概念，作为探测、掌握心理的手段。书中进一步说道："口者，心之门户也。心者，神之主也。志意、喜欲、思虑、智谋，此皆由门户出入。""口者，机关也，所以关闭情意也；耳目者，心之佐助也，所以窥间见奸邪。""无为而求，安静五脏，和通六腑，精神魂魄固守不动，乃能内视，反听，定志，虑之太虚，待神往来。"由这种形神观和心物观入手，来推断人的意志，使自己在各种情况下都处于良好的心理状态。可以说，《鬼谷子》一书体现了作者对人的心理活动的深入思考以及在心理学方面的系统探索。因此，有学者认为《鬼谷子》是我国心理学的开山之作。

再次，《鬼谷子》还强调要对客观实际有全面、准确的把握，根据不同情况，采取不同的办法，即我们常说的因时制宜、因地制宜。如："圣人居天地之间，立身、御击、施教、扬声、明名也，必因事物之会，观天象之宜。因知所多所少，以此先知之，以之转化。"又如："不悉心见情，不能成名。"

最后，《鬼谷子》对领导者提出了三个要求：一是能够树立道德，二是要有广博的知识，三是能审己以度人。在树立道德方面，《符言》篇说：

> 德之术曰：勿坚而拒之，许之则防守，拒之则闭塞。高山仰之可极，深渊度之可测，神明之位德术正静，其莫之极。

领导者只有具备深厚的道德修养，才能以德服人，才能得到他人的敬佩。在有广博的知识方面，《飞箝》篇说：

将欲用之于天下，必度权量能，见天时之盛衰，制地形之广狭，岨险之难易，人民货财之多少，诸侯之交孰亲孰疏，孰爱孰憎。

领导者有德，还要有才，而才在很大程度上表现为知识的丰富。拥有丰富的知识，才能服众，才能使有能力之人甘愿为自己效力。在审己以度人方面，《鬼谷子》强调领导者必须先能审察自己，而后才能揣度别人，这就是知己知彼的工夫。《反应》篇说："故知之始己，自知而后知人也。"除了需要具备这三种能力外，领导者还要做到明其人、得其性、御其心，如此才能顺利地开展工作。所谓"明其人"是指要了解部属的才能、爱好、专长、学养等，"得其性"是指了解部属的想法，倾听部属的意见和对工作的看法，"御其心"是指领导与部属要坦诚相待。这一思想于今仍有借鉴意义。

经典诵读：《鬼谷子》选读

目贵明，耳贵聪，心贵智。以天下之目视者，则无不见；以天下之耳听者，则无不闻；以天下之心思虑者，则无不知。辐辏并进，则明不可塞。右主明。

德之术曰：勿坚而拒之。许之则防守，拒之则闭塞。高山仰之可极，深渊度之可测。神明之德术正静，其莫之极。右主德。

用赏贵信，用刑贵正。赏赐贵信，必验耳目之所闻见，其所不闻见者，莫不暗化矣。诚畅于天下神明，而况奸者干君。右主赏。(《符言》)

眼睛贵在清晰明亮，耳朵贵在灵敏机警，心灵贵在富有智慧。如果用天下人的眼睛来观察，就没有什么东西是看不到的；如果用天下人的耳朵来倾听，就没有什么东西是听不到的；如果用天下人的智慧来思考，就没有什么东西是不能被认知的。做到了遍视、广闻、全虑，就像车轮之辐集中于车轴一样，那么君主的英明就会不可阻挡。以上是讲君主如何做才能英明。

崇尚德行的方法就是：不要拒绝愿意归附我们的任何人。当诚心接纳他人的时候，那么自己的团体就会多一个成员，这样就巩固了自己的防守阵营；如果拒绝接受他人，减弱了自己的实力，同时也阻绝了其他人继续加入我们的路径。山再高，只要我们朝上一步一步地攀登，总是能到达山顶；水再深，只要我们坚持测量，总能够测量出它的深度。德的地位像神明一样神圣，崇德之术也要求心态平正平静，做到了这些，就没有什么能够比得上的。以上是推崇德行的方法。

运用奖赏时，贵在守信用；运用刑罚时，贵在公正。处罚与赏赐的信誉和公正，要以亲眼所见亲耳所闻为依据，这样对于那些没有亲眼看到和亲耳听到的人也有潜移默化的作用。诚信如果能畅达天下，那么连神明也会来保护，又何惧那些奸邪之徒犯上呢？以上所说的是如何进行赏罚。

持枢，谓春生、夏长、秋收、冬藏，天之正也。不可干而逆之。逆之者，虽成必败。故人君亦有天枢，生、养、成、藏，亦复不可干而逆之，逆之者，虽盛必衰。此天道，人君之大纲也。(《持枢》)

抓住关键，就是说顺从春季让万物生长，夏季让万物得到充分的养育，秋季让万物得到收割，冬季让万物得到储藏，这是自然运行的正常法则。不可触犯而违背它。违背自然法则，事情即便一时做成功了，最终也会失败。所以人主为政治国的关键就是顺应自然之道，出生、养育、长成、保有，是不可违背的，违背自然之道，即使一时兴盛，最终必然走向衰败。这就是天道，是作为国君的根本纲领。

十 《商君书》：商鞅及其后学的著作汇编

研究商鞅变法的必备之书

《商君书》又称《商君》《商子》，是先秦法家学派的重要典籍，主要阐述了商鞅及其学派的政治思想与军事思想，也涉及秦国的一些政治、军事制度。

商鞅是中国历史上家喻户晓的人物，他本是卫国公子的儿子，姓公孙，名鞅。后因他率秦国军队打败了魏国，秦孝公把商（今陕西商州）这个地方赐给他，封号“商君”，后人便称他为“商鞅”。商鞅受李悝、吴起等法家人物的影响，“少好刑名之学”，形成了自己对“法”的独到认识。公元前361年，他听闻秦孝公下“求贤令”，便来到秦国，几经磋谈，得到秦孝公重用，并于周显王十三年（前356）和十九年（前350）先后两次实行变法。

商鞅变法，成效显著，让当时偏居中国版图西北角落、一度被“以夷狄视之”的秦国一跃而跻身富强国家之列。但变法触犯了许多权贵的利益和特权，秦孝公死后，商鞅遭公子虔等贵族诬害，最终被车裂。商鞅虽死，其法未灭，此后历代秦王遵循其法，逐渐在诸雄争霸中处于优势地位，秦始皇能够统一中国也与商鞅变法奠定的坚实基础有很大关系。正如秦朝丞相李斯所说："孝公用商鞅之法，移风易俗，民以殷盛，国以富强，百姓乐用，诸侯亲服，获楚、魏之师，举地千里，至今治强。"（《史记·李斯列传》）不仅如此，商鞅的学说还被后世法家，如韩非等人加以利用和改造，对加强君主集权，整顿封建国家官僚机构，推行"法治"起到了重要作用。直到今天，我们提到商鞅、提到改革首先会想到商鞅变法，可见其影响力之大。而商鞅的思想和变法理论则记载于《商君书》中。

《商君书》现存二十六篇，其中两篇（《刑约》《御盗》）有目无文。作者旧题"商君撰"，但书中提及史事，最晚的是发生于公元前260年的"长平之战"，此时商鞅已死近八十年。另据后人考证，像《错法》《徕民》等篇也非出自商鞅之手，应是商鞅后学所写。学者根据各篇涉及的人物、史实、制度以及文章整体的风格特色，认为《垦令》《境内》《立本》《战法》《兵守》等篇为商鞅所著，能够较真实地反映出商鞅思想的原貌；其余各篇虽非商鞅亲著，但思想体系仍与商鞅保持一致。因此，将《商君书》定性为商鞅及其后学的著作汇编，是较为合理的。

《韩非子·五蠹》说："今境内之民皆言治，藏商、管之法者家有之。"据此推断，此书在公元前233年韩非被害之前就已经在社会上广为流传了。《淮南子》言及"商鞅之《启塞》"，司马迁说"余尝读商君《开塞》《耕战》书"。可见，汉代之时，此书仍备受重视。

《商君书》作为书名最早出现在《汉书·艺文志》中："《商君》二十九篇。"有学者据此判断，这部书是西汉刘向校理群书时，将商鞅及其后学的作品加以汇编而成的。但也有学者认为早在秦国末期，主管图书档案的史官就已将其编定成书。

无论如何，《商君书》的内容非成自一人一时，是可以确定的。这也使得此书文体杂芜，如《更法》为论辩体，《农战》《画策》《外内》是政论体，《垦令》《战法》《境内》则纯是法规条文。然而，后人要了解商鞅，特别是要研究商鞅变法的历史，《商君书》仍是基本史料和必备之书。

书中体现的变法理念

如前所述，《商君书》集中体现了商鞅及其后学的变法思想，这也是后人重视此书的重要原因。

《商君书》解决了变法的理论支撑问题。《更法》《算地》《修权》诸篇都举尧舜禹治国方法不一，而天下皆称圣王，以古论今，说明“三代不同礼而王，五霸不同法而霸”，“治世不一道，便国不必法古”的道理。《开塞》篇则从人类社会发展的不同阶段入手，论证根据不同的社会情况就要采取不同的统治方法。“圣人不法古，不修今。法古则后于时，修今则塞于势。”从而说明只有变法革新，才能使国家富强兴盛。“治世不一道，便国不必法古”，“不法古，不修今”也成为后世改革家常引用的名言。

在具体的变法措施上，《商君书》中有一些概念贯穿始终，是商鞅及其后学变法思想的精髓。

第一个概念是“壹”。“壹”就是统一、专一。“壹”在《商君书》中出现的频率比较高，内涵比较丰富。如“壹赏，壹刑，壹教”（《赏刑》）是说君主要有统一的政策和措施；“上壹而民平”（《垦令》）、“身作壹”（《农战》）是说君主要将法令贯彻始终如一；“意必壹”“民壹意”（《垦令》）是说要使民众的思想统一；“国作壹一岁者，十岁强；作壹十岁者，百岁强；作壹百岁者，千岁强”(《农战》),“圣人治国也，审壹而已矣”(《赏刑》),“圣王之治也，慎法、察务，归心于壹而已矣”(《壹言》),是说“壹”在治国中的重要意义。

第二个概念是“农战”。农战就是农业与军事,《商君书》中有关重农重战的论述最多。关于农战的意义在《农战》篇中有集中论述:“国之所以兴者，农战也。”“国待农战而安，主待农战而尊。”在当时，农业是国家的根基命脉，为此《垦令》篇提出了二十项措施，都是意在使国内的民众全体投身开荒种地。不仅如此,《徕民》篇还提到国家制定优惠政策，吸引邻国的民众前来务农。而军事是国家强弱的晴雨表，所谓“入其国，观其治，民用者强”，商鞅以为治兵的理想状态是“民之见战也，如饿狼之见肉”(《画策》)。《兵守》篇记载，军队分为壮男、壮女、老弱三军，可见当时的秦国全民皆兵，民众平时务农，战时应征，形成农战结合的战略。此外,《战法》篇专门研究战术,《兵守》篇则探讨了守城防御作战的原则和方法，其对军事的重视可见一斑。

第三个概念就是“法”。“法”即法令、法律。在法家学派里，商鞅尤其重视法，强调以法治国。《定分》篇说："法令者，民之命也，为治之本也。"商鞅提出法令的制定要以重刑轻赏为原则，用严刑驱使民众从事农战，杜绝犯罪，即所谓"以刑去刑""以法去法"；并规定各级政府均设专司法律的官吏，负责对法律的解释和推广，如有失误或不耐心解答就治罪。商鞅认为法令的普及能够形成上下监督的机制；法令的坚决执行，则能使大臣不敢枉法营私，民众不会违法乱国。

现代价值

作为先秦时期法家的一部重要典籍，《商君书》中有些思想具有历史局限性，甚至应当予以否定，但也有一些至今仍有借鉴意义，需要我们继承和创新。

第一，《商君书》多次强调法律、法令的重要性，比如"法者，君臣之所共操也"，"不以私害法，则治"，商鞅更是提出"有道之国，治不听君，民不从官"，一切依法治理的"法治"理想。虽然当时的法治与社会主义法治不可同日而语，但其"缘法而治"的思想对于当今来说仍然适用。随着改革开放的深入发展，无论是社会主义民主的要求还是市场经济的需要，都应该实行依法治国，强调法律的地位和权威。当然，《商君书》在强调以法治国时，过于突出刑罚的作用，特别是排斥儒家的礼义教化，斥儒家仁义道德为“六虱”，这是对“德治”的否定。在“依法治国”与“以德治国”相结合的今天，这一思想不足取，而应充分注重法律与道德在社会控制方式上的协调发展。

第二，要注重诚信、信用。《商君书》提出在执法上“信赏必罚”，即按照法令的规定，该赏就一定要赏，该罚就一定要罚，从而取信于民，收到“民信其赏，则事功成；信其利，则奸无端”的效果。商鞅变法，徙木立信，成为变法成功的前提。北宋改革家王安石在《商鞅》一诗中感叹：

> 自古驱民在信诚，一言为重百金轻。今人未可非商鞅，商鞅能令政必行。

“信”是一个国家立足的基础，也是任何事业取得成效的关键，这是古今不变之理。

第三，关注和整顿吏治。商鞅学派认为，管理民众、治理国家，重要的就是要管理好官吏，官吏的素质高低、作风好坏直接影响国家的生死存亡。为此，《商君书》提出了一系列整饬吏治的措施，如对取官途径和任官人员进行严格管理，反对任人唯亲，从源头上保障官吏队伍质量；从制度上严格划分各级官吏的职权范围，降低他们的腐败动机；对清正廉明的官吏进行褒赏升迁，对贪官污吏进行惩处革职；“无宿治”，即官吏于当天的政务需当天完成，避免造成公务积压；等等。这些对当前加强廉政建设、依法治吏均有启发意义。

第四，突出农业的重要地位和作用。《商君书》提出：“国不农，则与诸侯争权，不能自持也，则众力不足也。”这是把农业看作国家强盛的标志。为此，商鞅变法采取了许多鼓励耕织的政策和措施，同时对妨碍农业生产的行为进行打击。中国自古便是农业大国，不管时代如何发展，都不能忽视农业对于国家的基础作用。当前，重视农业，妥善处理“三农”问题，依然是发展民生的需要和关键。但“重农”的同时，商鞅还提出“抑商”，甚至用严厉的手段打击商人，这在当今尤不可取。社会主义市场经济条件下，强调的是“农、工、商”皆本，这三者只有协调发展，才能推动国家和社会的进步。当然，对于那些唯利是图，只顾眼前利益、不顾百姓安危的不法奸商，则应当依法惩治。

第五，书中体现出的平等观念，具有巨大的进步意义。《商君书·赏刑》说：

> 所谓壹刑者，刑无等级，自卿相、将军以至大夫、庶人，有不从王令、犯国禁、乱上制者，罪死不赦。

其意思非常明了，刑罚不论人们的等级，只要不服从国君命令、违反国家法禁、破坏国家制度的，就要受到法律的处罚，这就改变了此前“刑不上大夫”的历史，可以说是“法律面前人人平等”的滥觞。此外，《商君书·垦令》中说：

> 禄厚而税多，食口众者，败农者也。则以其食口之数，赋而重使之。

就是说，贵族俸禄厚，税收多，吃闲饭的人口又多，是有害农事的。国家应按照吃饭的人口数目，来收取人口税并加重他们的徭役。非常明显，这一法令不再使权贵一味剥削农民，贵族、富豪与农民站在了较为平等的赋税制度线上。应该指出，在当时的历史条件下，法律、赋税的平等是有局限性的，但这种观点的提出本身就是一种突破和超越，无论处在哪个社会阶段，追求平等始终是人类的奋斗目标。

经典诵读：《商君书》名言四则

法者，所以爱民也；礼者，所以便事也。是以圣人苟可以强国，不法其故；苟可以利民，不循其礼。(《更法》)

法度，是用来爱护百姓的；礼制，是为了方便办事的。所以圣明的人治理国家，如果能够使国家富强，就不必去沿用旧有的法度。如果能够使百姓得到益处，就不必去遵循旧有的礼制。

所谓壹刑者，刑无等级，自卿相、将军以至大夫、庶人，有不从王令、犯国禁、乱上制者，罪死不赦。(《赏刑》)

所说的统一刑罚，是指刑罚没有等级差别，从卿相、将军，一直到大夫和平民百姓，有不听从君主命令的，违反国家禁令的，破坏君主制定的法律的，处以死罪，决不赦免。

善为国者，仓廪虽满，不偷于农；国大、民众，不淫于言，则民朴壹。民朴壹，则官爵不可巧而取也。不可巧取，则奸不生。奸不生，则主不惑。(《农战》)

善于治理国家的君主，粮仓虽满，也不放松农耕；国家的土地广大，人口众多，不让空洞无物的言论泛滥，这样民众就会淳朴专一。民众淳朴专一，官职和爵位就不能靠花言巧语来取得。不能靠花言巧语来取得官职和爵位，那么奸猾的人就不会产生。奸民不产生，君主就不会受到迷惑。

飞蓬遇飘风而行千里，乘风之势也；探渊者知千仞之深，县（同“悬”）绳之数也。故托其势者，虽远必至；守其数者，虽深必得。……得势之至，不参官而洁，

陈数而物当。(《禁使》)

飞蓬（飞旋的干枯蓬草）遇旋风而飘越千里，是凭借风势啊；测量深潭的人能够知道八千尺的深度，是运用了悬绳测量的方法。所以凭借客观形势，即使道路遥远也一定能到达；掌握了方法，即使非常深也一定能测出来。……善于利用客观形势的君主，不需多设官吏也会收到廉洁的效果，运用合适的方法，政事就会得到治理。

十一 《淮南子》：一部牢笼天地、博极古今之书

刘安与《淮南子》

刘安（前 180—前 123）是汉高祖刘邦的孙子，汉武帝刘彻的叔叔。刘安的父亲厉王刘长在汉文帝时想造反，事情败露后被流放。刘长心里愤恚交集，在流放途中绝食自杀了，死后谥号“厉”，要知道“厉”在谥号中可是一个不太好的字眼。不过，刘安并没有因为父亲的罪过而遭牵连，汉文帝反而宽宏大量，先封他为阜陵侯，八年后又封他为淮南王。此后，淮南王刘安组织宾客集体编撰了一部书，这就是《淮南子》。

据记载，《淮南子》本来有“内书”二十一篇，“外书”三十三篇，另有中篇八卷。其中“内书”讲宇宙、社会、人的哲理与方法；中篇讲神仙方术，像驱使鬼神、炼金之法、修炼之术等；“外书”的内容则不得而知。不幸的是，中、外篇后来都亡佚了，只剩下一些片段零星的文字，清人茆泮林和叶德辉各辑了一些，收在《梅瑞轩十种古逸书》和《观古堂所著书》中，用了一个名称叫“淮南万毕术”，其内容大多是讲神仙方术和巫觋之法的，很可能就是中篇八卷的孑遗。剩下完整的，就只有“内书”二十一篇，也就是今天我们见到的

《淮南子》。不过，仅仅从这二十一篇中，我们已经能够看出此书是一部“牢笼天地、博极古今”（刘知幾语）的奇书。正如汉代高诱《淮南鸿烈集解》序所言：

> 言其大也则焘天载地，说其细也则沦于无垠，及古今治乱、存亡、祸福，世间诡异、瑰奇之事。其义也著，其文也富，物事之类无所不载。

大意是说，《淮南子》这部书，说大则上到天下及地无不包，说小则涉及纤小如牛毛的小事，关于古往今来治乱存亡祸福，关于人世间各种诡异古怪的现象也无不囊括在内，它的意蕴十分丰富，它的文采十分华丽，天下事物无所不载。正是由于这个特质，此书最初定名为《鸿烈》。据高诱解释，“鸿”是大的意思，“烈”是明的意思，合起来是说这是一部使宇宙间一切学问和奥秘大大明晰起来的著作。汉成帝时，刘向校书，将该书命名为《淮南》，班固在《汉书》中记为《淮南内》，《隋书·经籍志》著录为《淮南子》，即今日之通称。

说到《淮南子》的内容，可用“博”“杂”二字形容。它以西汉前期道家思想为核心，熔铸儒、法、阴阳各家思想为一体。有人指出它是随着《吕氏春秋》的思路与风格，却比《吕氏春秋》更精致、更宏大。因此，自《汉书·艺文志》开始，就将其列入了“杂家”之中。正是由于它的“杂家”性质，不少现当代著名学者对其价值持怀疑态度，认为《淮南子》驳杂不成一家之言。范文澜先生说：“《淮南子》虽以道为归，但杂采众家，不成为一家言。”侯外庐先生说：“其书意多杂出，文甚沿复。”冯友兰先生虽肯定《淮南子》的宇宙观，但认为此书“无中心思想”。如今看来，这些观点有失公允。《淮南子》虽杂糅众家，但绝非盲目拼凑、照搬因袭，而是有所改造、有所创新，是有一定思想体系的著作。这也是当今越来越重视此书的原因。

大概而言，《淮南子》主要涉及的思想有：围绕“道”而提出的一系列观点，关于气的一元论宇宙观、“无为”观、社会历史观、祸福观、生命观（包括生命的起源、孕育过程、生命的构成因素、养生之道等）、人性论、鬼神观、军事观、认识论，以及天文、历法、地理、数学、文学、历史、逻辑学等自然科学和社会科学知识，称其为一部百科全书实不过分。当然，由于历史的局限性，书中提到的一些神仙出世思想、不可知论、唯心史观，是不符合当今时代的，我们在阅读时应该加以分辨地摒弃。

编撰初衷与悲剧结果

《淮南子》的成书，首先是与刘安生活时代的政治氛围、学术风气密不可分的。刘安所处的文景之世，统治者实行休养生息的政策，黄老清静无为之术在政治生活中还在起主导作用，汉武帝继位之初情况仍然如此。在思想领域，汉初黄老之学风行数十年，道家思想占优势。随后道、儒两家在激烈的争辩中成为两大学派，其他学派纷纷向这两派靠拢，而儒家尚未取得“独尊”的地位，学术风气比较活跃自由。加之平定吴楚七国之乱以后，统一的封建国家得到进一步巩固，统治者正在选择和确定长治久安之策，思想家们则在积极构造新的理论体系，以供统治者选用。这就为《淮南子》的编撰创造了客观条件。

再说刘安本人，虽为王室出身，却不像其他王侯那样放纵淫逸，史书里说他“为人好读书、鼓琴，不喜弋猎狗马驰骋，亦欲以行阴德拊循百姓，流誉天下”，也算是胸有大志之人。

上层统治者需要治国理论，而刘安又是博学有文才，且想将自己的治国思想表达出来之人，几种因素凑在一起，使刘安下定决心组织门客编撰一部可供统治者治国借鉴的书。正如《淮南子·要略》说的那样："若刘氏之书，观天地之象，通古今之事，权事而立制，度形而施宜……以统天下，理万物，应变化，通殊类……故置之寻常而不塞，布之天下而不窕。"刘安认为自己的学说主张是放之四海而皆准的真理，有了这个真理，"则天地之理究矣，人间之事接矣，帝王之道备矣"。话虽有些狂妄，却足见刘安对《淮南子》抱有很大的自信。

书成后，刘安将其献给了当时的皇帝——汉武帝。史书记载，"上爱秘之"。"爱"这个字，有人认为这表明汉武帝对这部书十分欣赏，也有人认为"爱"通"薆"，是隐的意思，以此推断武帝对书中的思想主张并不感兴趣，干脆将其秘藏起来。无论哪种解释，最终的结果是汉武帝采纳了董仲舒"罢黜百家，独尊儒术"的主张，刘安的治国理念没有被采纳。更可悲的是，刘安最终也因所谓"谋叛"，被迫自杀。

现代价值

《淮南子》一书可谓内容丰富、博大精深，其中很多思想直到今天仍有现实意义。

第一，《淮南子》全书，始终贯穿着“无为而治”的政治思想。它说：

> 得在时，不在争；治在道，不在圣。土处下，不争高，故安而不危；水下流，不争先，故疾而不迟。
>
> 是故圣人内修其本，而不外饰其末，保其精神，偃其智故，漠然无为而无不为也，澹然无治也而无不治也。

这既是对老子“无为而无不为”思想的继承，也是自汉高祖到文景时期在社会治理理论中占统治地位的“黄老学说”的集中反映。什么是“无为而无不为”呢？《淮南子》解释说：

> 所谓无为者，不先物为也；所谓无不为者，因

物之所为。

以此为理论前提,《淮南子》提出对国家最好的治理方法，就是顺应自然、社会和人性的规律，既不要任意违背，也不要强行干涉。顺从自然和社会的发展规律，国家治理才能够收到事半功倍的效果。而顺应规律，应用到对民众的治理中，就是要顺应民性和民意。只有顺应民意来施政，才能使各项政策措施真正达到惠民的目的；如果违背了老百姓的意志和本性，强行用各种约束方式规范他们，不但是对老百姓的伤害，而且也达不到治理的目标。《淮南子》提到，古代圣王制定礼义法度，其基本出发点均是“因民之所好，而为之节文”。正因为如此，老百姓才能够自觉遵守，使社会安定、生活和谐有序。这就给后世治国者以启示：在治理国家和制定政策的时候，要顺应社会规律和人民的本性意愿，而不是把个人或少数人的意志和权威强加于人民头上。“先王之教也，因其所喜以劝善，因其所恶以禁奸，故刑罚不用而威行如流，政令约省而化耀如神”，说的就是这个道理。

第二,《淮南子》带有强烈的“民本”意识，它明确提出“民者，国之本也”，把人民看作国家的根本，进而指出“国主之有民也，犹城之有基，木之有根，根深则本固，基美则上宁”，这一观点实际顺接了孟子“民为贵，君为轻”的思想。在政策措施上，《淮南子》从道家无为而治的思想出发，主张勿夺农时、约减政令、轻徭薄赋、与民休息、施政宽简，从而做到爱民、安民、利民，而这些正是得民的前提。得民与否，是治国成败的关键。当然，对于统治者“有天下之富，处人主之势，则竭百姓之力，以奉耳目之欲，志专在宫室台榭，陂池苑囿，猛兽熊罴，玩好珍怪”的行为，《淮南子》进行了揭露和批判，这是其最难能可贵而值得继承发扬之处。

第三，《淮南子》吸收了儒家有关义利观的基本思想，把义和利作为区分君子与小人的标准。它说：“人多欲亏义，……故治国乐其所以存，亡国亦乐其所以亡也。”意思是人多欲望就会有亏大义。因此，治国的人以维系国家存在的公义为快乐，亡国的人也把促使国家灭亡的私利作为快乐；进而把对“义”与“利”的取舍态度作为君子与小人的试金石。“君子思义而不虑利，小人贪利而不顾义”。在这个基础上，《淮南子》提出治国者要行廉政，不可因为一点小利就舍弃大义、丧失原则。书中还提到“公仪休拒鱼”的故事，作为为官廉洁的典型事例。这种思想对当前加强廉政文化建设，树立正确的义利观，反对贪污腐败，反对奢靡之风有启发意义。

第四，《淮南子》肯定了儒家人性本善的主张，强调教化在治理国家中的重要作用，认为人的天性中有仁爱的资质，而教化不仅可以引领民众趋向正直，而且会使刑罚悬而不用。这是对儒家“德政”与“德主刑辅”理论的继承。此外，在重“德治”的同时，《淮南子》还十分重视“法治”的作用，说道：“法者，天下之度量，而人主之准绳也。”在法律面前要人人平等：触犯法律的人，即使是贤德之人也必须加以惩处；遵守法度的人，即使是不肖之人也没有罪过。这样就会正道通达而邪道堵塞了。它甚至提出“立法禁君”的主张，这在当时是有较大进步意义的。当然，仅仅制定法律是不够的，“有法者而不用，与无法等”，关键还要官员带头执行：

> 是故人主之立法，先自为检式仪表，故令行于

> 天下。孔子曰："其身正，不令而行；其身不正，虽令不从。"故禁胜于身，则令行于民矣。

可见，《淮南子》非常重视各级官员的率先垂范作用。法治和德治作为两种不同的治国方式，从来都是相互联系、相互补充的。法治以德治为基础，德治以法治为保障，只有把二者有机结合起来，才是完善的治国之道。《淮南子》提出的"德治"与"法治"思想足资借鉴。

第五，此书务实、严谨的文风也值得学习。编撰者认识到了理论联系实际的务实文风，并落实在全书写作之中。第二十一卷《要略》说：

> 总要举凡，而语不剖判纯朴，靡散大宗，惧为人之惽惽然弗能知也；故多为之辞，博为之说，又恐人之离本就末也。故言道而不言事，则无以与世浮沉；言事而不言道，则无以与化游息。

意思是说既要旗帜鲜明地亮出观点，又要联系实际，用事实来阐明观点，避免空洞的说教。谨严则主要指全书精心的构思和缜密的结构。本书虽是众多宾客的集体创作，其内容又博大精深，但绝不是材料的简单堆砌和胡乱拼凑，更非敷衍了事，而是策划周密、主线明确、结构完整、层次清晰。梁启超说此书“博大而有条贯”，是十分公允的。

经典诵读：《淮南子》神话寓言故事四则

共工怒触不周山

昔者，共工与颛顼争为帝，怒而触不周之山，天柱折，地维绝。天倾西北，故日月星辰移焉；地不满东南，故水潦尘埃归焉。(《天文训》)

从前，共工与颛顼争夺部落首领之位，(共工在大战中惨败，)于是共工一怒之下用头撞击不周山，支撑着天的柱子折断了，拴系着大地的绳索也断了。天向西北方向倾斜，所以日月、星辰都向西北方向运行了；大地的东南角塌陷了，所以江河向东南流去，泥沙在东南沉积。

女娲补天

往古之时，四极废，九州裂，天不兼覆，地不周载，火爁炎而不灭，水浩洋而不息，猛兽食颛民，鸷鸟攫老弱。于是女娲炼五色石以补苍天，断鳌足以立四极，杀黑龙以济冀州，积芦灰以止淫水。苍天补，四极正，淫水涸，冀州平，狡虫死，颛民生。(《览冥训》)

远古时代，四根擎天大柱倾倒，九州大地裂毁，天不能覆盖大地，大地无法承载万物，大火蔓延不熄，洪水泛滥不止，猛兽吞食良民，凶禽捕击老弱。于是女娲冶炼五色石来修补苍天，砍下鳌足当擎天大柱，斩杀黑龙来平息冀州，堆积芦灰来制止洪水。苍天补好，四柱擎立，洪水消退，冀州平定，凶恶的野兽被杀死，这时善良百姓有了生路。

罔两问景

罔两问于景曰：“昭昭者，神明也？”景口：“非也。”罔两曰：“子何以知之？”景曰：“扶桑受谢，日照宇宙，昭昭之光，辉烛四海。阖户塞牖，则无由入矣。若神明，四通并流，无所不极，上际于天，下蟠于地。化育万物而不可为象，俯仰之间而抚四海之外。昭昭何足以明之？”故《老子》曰：“天下之至柔，驰骋天下之至坚。”（《道应训》）

罔两问影子：“那明亮的日光就是神明么？”影子回答：“不是。”罔两又问：“你怎么知道的？”影子说：“太阳每天从扶桑升起又从西边落下去，它照耀在宇宙间，那明亮的光辉，照耀四海。可是门窗紧闭的地方，阳光就无法照射进来了。但神明却能四通八达，无所不及，上至九天，下居大地，生育万物而不露痕迹，仰俯之间便能抚及四海之外，明亮的日光哪有这样的神通呢？”所以《老子》说：“天下最柔弱的东西，能冲破天下最坚硬的东西。”

塞翁失马

近塞上之人，有善术者，马无故亡而入胡。人皆吊之。其父曰：“此何遽不为福乎？”居数月，其马将胡骏马而归。人皆贺之。其父曰：“此何遽不能为祸乎？”家富良马，其子好骑，堕而折其髀。人皆吊之。其父曰：“此何遽不为福乎？”居一年，胡人大入塞，丁壮

者引弦而战。近塞之人，死者十九。此独以跛之故，父子相保。(《人间训》)

靠近边塞的居民中，有一个精通术数（多指推测人事吉凶祸福的法术，如看相、占卜等）的老人，他们家的马无缘无故跑到了胡人的住地。邻居都来安慰他。老人说："这怎么就不能是一件好事呢？"过了几个月，那匹马带着胡人的良马回来了。邻居都来祝贺他。老人说："这怎么就不能是一件坏事呢？"老人家中有很多好马，他的儿子喜欢骑马，结果从马上掉下来摔断了大腿。邻居又都来安慰他。老人说："这怎么就不能是一件好事呢？"过了一年，胡人大举入侵边境一带，壮年男子都拿起弓箭去作战了。边境附近的居民十分之九都战死了。唯独这家人因为儿子腿瘸的缘故而免于征战，父子得以保全性命。

十二 《法言》：仿《论语》而成的哲学名著

扬雄与《法言》

扬雄（前53—18），字子云，蜀郡成都人，是西汉末年一位重要的哲学家、文学家和语言学家。

《汉书·扬雄传》如此记载扬雄的家世："楚汉之兴也，扬氏溯江上，处巴江州。而扬季官至庐江太守。汉元鼎间避仇复溯江上，处岷山之阳曰郫，有田一，有宅一区，世世以农桑为业。自季至雄，五世而传一子。故雄亡它扬于蜀。……家产不过十金，乏无儋石之储，晏如也。"可见，扬雄的先世是做官的，后来没落了，又受到仇家的威胁，不得不迁徙到岷山之阳定居下来，并变成"以农桑为业"。汉代的"一"即一百亩，也就是说扬雄生活在一个有田百亩、家产十金的家庭。汉代称黄金一斤为一金，值万钱，十金就是十万钱。这样的家庭算是富裕的吗？汉文帝刘恒曾说："百金，中民十家之产。"扬雄家产十金，也就相当于一个"中民"之家，即中小地主。

汉代选官多靠察举制度，然而到了西汉后期，这一制度的弊端逐渐显现，通过这条路登上政治舞台的多为高门大族子弟，因为这些人在地方上有势力，和地方郡守有交情。扬雄出身中小地主之家，自然没有这种条件。据史料记载，他四十多岁时从蜀地来到京师，靠文章乞人，幸得大司马车骑将军王音赏识，做了王音的门下史。后经王音推荐，得到“待诏”之职。“待诏”，本为等待召对之意，汉代常征召文学之士待诏于金马门，后逐渐成为官名，主要是备皇帝顾问。又过了一年多，扬雄“除为郎”，这也不过是皇帝的随从而已。从级别上讲，官秩比四百石，和地方上县里的丞、尉差不多。当然，汉代的郎是进一步做官的阶梯。王莽、刘歆都是先为郎，然后才逐步爬上去的，但身处西汉末年的扬雄不行，因为他没有位高权重者做靠山。

王莽代汉以后，扬雄“以耆老久次转为大夫”，但仍然是个闲职，没有实际行使权力的职务，级别也不高。从中央说，抵不上中央主要官吏的一个属官；从地方说，不过相当于县令，在政治地位上，还不如这些人，在职权上就更无法同这些人相比了。扬雄的真正工作只是在天禄阁校书而已。后来王莽政权内部发生矛盾，治狱使者要逮捕扬雄，吓得他从阁上跳下来，几乎送了命。虽然后来放了他，病好以后还复了官，但扬雄在官场中孤独无援、极不得意是显而易见的。

扬雄虽然在官场不得意，但他一生的著述却是等身的。扬雄在哲学方面的著作有《太玄》和《法言》，语言学著作有《方言》，文学作品有《甘泉赋》《河东赋》《羽猎赋》《长杨赋》等。除《太玄》《法言》《方言》三本书外，扬雄的其他著作收入《扬侍郎集》（见明张溥编《汉魏六朝百三名家集》）。另外，清严可均所辑《全汉文》中，不仅收有扬雄的成篇著作，还从许多古书中辑录了扬雄著作的残篇。

《法言》也称《扬子法言》，《汉书·艺文志》最早著录："扬雄所序三十八篇。《太玄》十九，《法言》十三，《乐》四，《箴》二。"此后《隋书·经籍志》《旧唐书·经籍志》《新唐书·艺文志》《宋史·艺文志》以及晁公武《郡斋读书志》、陈振孙《直斋书录解题》、马端临《文献通考·经籍考》等皆有著录。

《法言》共十三篇，计有《学行》《吾子》《修身》《问道》《问神》《问明》《寡见》《五百》《先知》《重黎》《渊骞》《君子》《孝至》，最后还有一篇自序，相当于全书的目录。此书内容十分丰富，从哲学、政治、经济、伦理，到文学、艺术、科学、军事，乃至于历史上的人物、事件、学派、文献等，几乎都有所论述。

扬雄为什么要写《法言》

《法言》是扬雄晚年的作品，大约作于他五十五岁时。扬雄所处的时代，正值西汉政权走向衰落和瓦解的时期，正如《汉书·佞幸传》所说："汉世衰于元、成，坏于哀、平。哀、平之际，国多衅矣。"由于土地兼并，徭役繁重，生产不时，农民生活极端痛苦，农民起义此伏彼起。而统治阶级内部更是矛盾重重，在位的皇帝不是年幼就是没有实权，握有一定实权的不同政治集团之间则相互打击倾轧，社会危机和统治危机日益严重。政治的不稳定必然影响到西汉王朝的统治思想，以董仲舒和谶纬经学为主导的思想由于畸形的扩张泛滥而逐步走向自身反面转化的过程。这种思想不仅对被统治的农民阶级逐渐丧失了控制威慑作用，而且也逐渐丧失了维持统治阶级内部秩序的作用，反而成了统治阶级内部各集团争权夺利的工具，从而丧失了它维护国家统治秩序的机能。

在这种背景下，扬雄因其出身和经历的影响，开始对旧的统治思想产生怀疑和不满，并企图通过对旧思想的改造，为统治阶级制造出一套新的统治理论，以恢复社会秩序，维护国家的长治久安。这种意图，通过《法言》和《太玄》两部著作表现了出来。

然而，扬雄虽维护当时陷于危机的封建制度，却很少直接论及当时的政治现实。他维护当时封建制度是以捍卫孔子之道的形式表现出来的。史书记载：

> （扬）雄见诸子各以其知舛驰，大氐诋訾圣人，即为怪迂，析辩诡辞，以挠世事。虽小辩，终破大道而或众，使溺于所闻而不自知其非也。及太史公记六国，历楚汉，讫麟止，不与圣人同，是非颇谬于经，故人时有问雄者，常用法应之，撰以为十三卷，象《论语》，号曰《法言》。

由此可见，《法言》的写作目的有二：第一，纠正诸子“诋訾圣人”、不合乎圣道的言论，重新树立符合圣人之道的思想；第二，辨析《史记》中“不与圣人同是非，颇谬与于经”的地方。其实，这两点的实质是相同的，即标举符合圣人（即孔子）之道的真正的儒学。另外，文中还指出，《法言》一书是模仿《论语》而作，这颇有代圣人立言的意味，而全书的形式也是和《论语》

一样的语录体。

至于取名《法言》，则本于《论语·子罕》“法语之言，能无从乎”，以及《孝经·卿大夫章》“非先王之法言不敢道”。“法”古文作“灋”。《说文解字》说：“灋，刑也，平之如水，从水。廌，所以触不直者去之，从去。”可见“法”有准则和使物平直的意思。所以《法言》就是判断事物是非的准则之言。

《法言》自问世以来，就有学者为其作注释，并逐渐形成两大版本系统。一是晋李轨注的十三卷本，即每篇为一卷，自序在最后，并附有不知何人所作的《法言音义》一卷。一般认为这个版本比较接近《法言》的原貌。另一个是北宋司马光集合李轨、柳宗元、宋成、吴秘和其本人之注为一体的所谓“五臣注本”，共十卷，合《吾子》《修身》、《问明》《寡见》、《五百》《先知》各为一卷，并且把自序分放在了各卷之首。“五臣注本”对《法言》原貌改动较多，但它保存了较多古注。

现代价值

如前所述，《法言》的写作目的虽然是挽救和维护陷于危机的封建统治，但是，其中有些思想至今仍值得我们借鉴。

首先，《法言》十分强调道德的重要性。这突出反映在扬雄关于“君子”和“小人”的论述上。扬雄认为：在义、利关系上，君子重道义，小人贪财利。《法言·学行》说：

大人之学也，为道；小人之学也，为利。

又说：

先生相与言，则以仁与义；市井相与言，则以财与利。

扬雄所谓大人、先生皆为君子的别称，市井则与小人同义。君子学习和交谈都离不开道义，而小人只关心财利。在德与力的关系上，君子绝德，小人绝力，君子以德强健，小人靠力气凶暴。《法言·渊骞》就列举了秦悼公、乌获、任鄙诸人，作为“小人绝力”的例子，而以舜、禹、皋陶作为“君子绝德”的榜样。在人、己关系上，君子重人不重己，小人重己不重人。《法言·君子》说：

君子忠人，况己乎？小人欺己，况人乎？

又说：

君子好人之好，而忘己之好；小人好己之好，而忘人之好。

君子处处关心、尊重他人，却忽略自己；小人只看重自己，而不惜处处损人利己。可以看出，扬雄讲的小人就是那些不依礼义、违背道德之人。这种人不仅可能危害他人利益，更可能损害国家利益，因此，扬雄毫不客气地说：小人只能是有人之名而无人之实的禽兽。

其次，《法言》十分注重修身。孔子创立的儒家学说提倡修身，认为这是个人自我完善和提高的根本所在，进而阐述了修身齐家治国平天下的一套理论。扬雄继承了儒家修身的理论，并有所发挥。《法言》十三篇，其中专述士人或“君子”修身的内容的就有五篇之多，对士人修身的目的、最终的境界等都做了大量的阐述，如："学者所以修性也，视、听、言、貌、思，性所有也，学则正，否则邪。"此外，扬雄认为修身还应体现在为人要"少欲"，懂得清心寡欲，淡泊世俗名利，独善其身，唯有如此才能不屈道侮志。他十分赞赏无欲洁身的人，在《法言》中他多次提及并赞颂颜渊知足不辱、淡泊名利的精神，认为"纡朱怀金之乐，不如颜氏子之乐也。颜氏子之乐也，内；纡朱怀金者之乐也，外"。精神的内在满足能够超越物质的外在占有，这种精神生活对物质生活的超越，正是扬雄所推崇的生活方式。

再次，《法言》体现了"仁政"和"改良"思想。面对统治者奢侈腐化、西汉末年各种赋税越来越繁重的局面，扬雄发出呼吁，要求减轻百姓的负担，反对统治者过分奢侈，提倡俭朴廉洁的政风。他还抨击了"禽兽食人之食，土木衣人之帛，谷人不足于昼，丝人不足于夜"的"恶政"。在他心目中，理想政治应该是"老人老，孤人孤，病者养，死者葬，男人亩，妇人桑"。这是儒家理想太平社会的写照。此外，对于如何改变现实社会，扬雄的办法是改良。他认为圣人之道并不是"胶柱而调瑟"，而是根据情况变化采取相应的措施。所以他提出了“可则因，否则革”，“新则袭之，敝则损益之”的进步思想。他特别反对在乱世仍因袭前法的思想，认为这样就是“安坐而视天下民之死”了。

最后，还需指出的是，在扬雄生活的时代，充斥着神秘的天人感应说和谶纬迷信思潮，以及所谓神仙、长命不死等种种怪诞之论。扬雄对此一一作了讽刺和批判。比如他讲圣人“以人占天”，实质意思就是说事在人为，不在天意。又如他认为纬书不但不实，而且滥用巫术大肆鼓吹。应该说，在当时的社会环境下，扬雄能够有如此进步的认识是十分难能可贵的。

经典诵读：《法言》选读

或问“德表”。

曰：“莫知。作上作下。”

请问“礼莫知”。

曰：“行礼于彼，而民得于此，奚其知？”

或曰：“孰若无礼而德？”

曰：“礼，体也。人而无礼，焉以为德？”（《问道卷第四》）

有人问道德的标志是什么。

扬子回答说："为政者在上面实行道德，老百姓跟着在下面实行道德，可是却没有意识到，这就是有道德的标志。"

"请问为什么没有意识到？"

扬子回答说："为政者在上面讲究礼义，老百姓在下面自然受到教化，怎么会意识到呀？"

那人问："哪里比得上不用讲究礼却有道德更好呢？"

扬子回答说："礼是人的根本。作为人而不讲究礼，又怎么能有道德呢？"

譊言败俗，譊好败则，姑息败德。君子谨于言，慎于好，亟于时。(《问明卷第六》)

荒诞的言论败坏风俗，荒诞的嗜好败坏法度，苟且放任败坏道德。所以君子严谨地对待言谈，慎重地对待嗜好，抓紧时间修养道德。

为政日新。

或人："敢问日新。"

曰："使之利其仁，乐其义。厉之以名，引之以美，使之陶陶然之谓日新。"(《先知卷第九》)

治理国家要天天有新气象。

有人说："请问怎样做才能天天有新气象？"

扬子回答说："使人们把自己的仁惠当作受益，把自己的义举当作快乐，并用称誉来勉励人们，用赞扬来引导人们，使人们能高高兴兴地做到这些，就能天天有新气象。"

十三 《盐铁论》：翻开“盐铁会议”那段尘封的历史

盐铁会议上的争锋

《盐铁论》是西汉宣帝时汝南人桓宽根据“盐铁会议”的记录加工而成的一部著作。因此，欲了解《盐铁论》这部书，就要先从盐铁会议说起。

召开于汉昭帝始元六年（前81）的盐铁会议是先秦以来儒家所提倡的“因民之所利而利之”的自由经济思想与以管仲为代表的“轻重论”国家干预思想在西汉时期的一次理论交锋，也可视为中国历史上第一次由官方主办召开、有民间学者参与的全国性经济政策的研讨会。这次会议上，主张自由放任和主张国家干预的双方进行大辩论，对当时及后世的经济思想都有着深远的影响。

西汉初年，民生凋敝，国家财政困难。史书记载：“自天子不能具钧驷，而将相或乘牛车，齐民无藏盖。”汉高祖刘邦为了稳定统治秩序，对内减轻赋税，开放山泽，鼓励垦殖，并奖励农业，抑制工商；对于匈奴采取和亲政策，委曲求全。到文帝时，“开关梁，弛山泽之禁”，“纵民得铸钱、冶铁、煮盐”，于是出现了“富商大贾周流天下，交易之物莫不通，得其所欲”的局面，由此产生了“文景之治”。到汉武帝时期，“汉兴七十余年之间，国家无事，非遇水旱之灾，民则人给家足，都鄙廪庾皆满，……太仓之粟陈陈相因，充溢露积于外，至腐败不可食”。军事上，汉朝对匈奴进行了一系列征战，并取得胜利。战争虽然壮大了汉朝的国威，但也需要巨大的财力作后盾。俗话说，兵马未动，粮草先行，与匈奴的战争消耗了汉朝的大部分积蓄，把国家财政推到了崩溃的边缘。此时，桑弘羊提出建议：“匈奴背叛不臣，数为寇暴于边鄙。备之则劳中国之士，不备则侵盗不止。先帝哀边人之久患，苦为虏所系获也，故修障塞，饬烽燧，屯戍以备之。边用度不足，故兴盐铁，设酒榷，置均输。蕃货长财，以佐助边费。”为了筹措巨额的军费开支，力求财政收支平衡，汉武帝采纳了桑弘羊等人的盐铁专卖、均输、平准、统一币制、酒榷等经济政策。

应该说，盐铁官营、酒类专卖及均输、平准、统一铸币等经济措施，虽然适应了当时巩固西汉政权的需要，但却给农业生产、中小工商业和百姓生活带来了某些不便与困难，因而引起他们的不满和反对。于是盐铁官营、酒类专卖等问题，就成了当时社会政治经济生活中的大事。

汉昭帝始元六年，主政的大司马、大将军霍光下令召开盐铁会议。史载："有诏书使丞相、御史与所举贤良、文学语。问民间所疾苦。"会上，以代表民间利益诉求的贤良、文学为一方，与以代表政府利益的御史大夫桑弘羊等人，就西汉武帝一朝的内外政策得失，特别是盐铁官营、均输、平准等经济政策展开了一场大辩论。会议历时四个月，对上述相关问题反复讨论辨诘。由于会议主要围绕盐铁官营存废问题展开，人们遂称其为"盐铁之议"或"盐铁会议"。

这里，我们不妨将贤良、文学和桑弘羊等人关于盐铁官营、均输、平准等中心议题的立场和理由列举如下，使读者能够对双方的思想有大致了解。

文学、贤良坚决主张罢盐铁官营，他们的主要理由有：

①盐铁官营、酒类专卖、均输、平准、算缗、告缗、铸五铢钱等经济举措是与民争利，朝廷应该还利于民；

②官府制作的铁器规格统一，质次价高，不适合农用，铁官经常不在盐铁商店上班，民众不能及时买到铁

器，贻误农时，有些民众不得不用木器耕种，吃无盐的淡食，器用不便严重影响了农业生产，造成田地荒芜，民众生活贫困；

③均输、平准政策在实施过程中，产生了官吏强征贱买、因垄断而导致物价飞涨、奸商囤积居奇等弊端，结果是贫者愈贫，富者愈富，并未带来朝廷所期待的均衡劳逸、方便贡输的好处；

④盐铁官营支持了汉家外伐四夷的征战，而长期战争影响了民众的基本生活，内地民众苦于兵役和徭役，边境民众则苦于戍守防御，实在看不到盐铁官营给民众带来的福利；

⑤礼义是立国的根基，而权势财利是为政的残贼，不推崇仁义就无法教化民众，不大力务农就无法使国家富强。

而桑弘羊等人坚持盐铁官营的理由是：

①盐铁官营是朝廷为解决征讨匈奴而采取的经济政策，如果废除，就会导致边境军费不足，不利于完成汉武帝未竟的外伐四夷的大业；

②盐铁私营为诸侯反叛提供了经济基础，加剧了豪强势力膨胀和邪恶势力聚集，造成不法奸商垄断市场，

形成“一家害百家”的恶果，因此不能放任盐铁私营；

③官府资金充足，器具完备，铁器规格和价格统一，盐铁官营无论对国家还是对私人都有利；

④中国古代有“名山大泽不以封”的传统，汉家实施盐铁官营政策完全符合古代的传统做法；

⑤实施均输、平准，是为了“平万物而便百姓”，是出于富国足民目的考虑的；

⑥战国秦汉之际儒生方士用五行配五方，这说明均衡有无、流通万物是天地之道；

⑦盐铁官营等经济政策对内极大地开辟了山林川泽的财利，使各种货物越来越丰富，朝廷经费充足，民众生活不再困乏，农业和工商业共同获利，上上下下都很富足，对外则可以通过贸易获取外国的资财，削弱敌国的经济实力。

可见，由于立场不同，贤良、文学和桑弘羊等人的观点是截然相反的，陈述理由的角度也各不相同。

除了辩论盐铁官营、酒类专卖、均输、平准、算缗、告缗、铸五铢钱等经济政策以及征伐匈奴的论题外，双方还就其他一系列论题展开论战，诸如对商鞅、邹衍、李斯、晁错、颜异、狄山、主父偃等人进行评价，如何看待儒学的价值、贫富的原因、孝养父母、汉代奢侈的风气、官员贪腐、真假儒生、国家安全等问题，天子诸侯的园池是存是废，当世要务是什么，要不要开拓边疆，要不要遵守先王之道，什么样的人才是贤人，究竟是以德治国还是以刑治国，朝廷应该坚持王道还是霸道，导致水旱自然灾害的原因是什么，等等。

这里，提醒我们在阅读《盐铁论》时首先要破除一种误解，以为这部书谈论的只是关于盐铁等方面的财经问题。这大概是受《盐铁论》书名的影响（桓宽之所以将此书取名为“盐铁论”，是因为朝廷最后仅仅接受了贤良、文学的部分建议，废除了酒类的专卖，而保留了盐铁官营和均输平准政策，因此桓宽“惟以盐铁为名，盖惜其议不尽行也”）。事实上，盐铁会议召开于武帝“多欲”之治而导致社会各种矛盾尖锐之际，这本书的目的是“总论政治得失”，广泛涉及了当时经济、司法、民族关系、民生、吏治、社会风俗、学术思想等问题，是在一场“百科全书式”的论辩基础上形成的。因此我们应该以更为开阔的视野去看待《盐铁论》这部书。

还需指出的是，在这次盐铁会议上，辩论双方都表现出知无不言、言无不尽的良好风范。文学、贤良面对丞相史、御史大夫这些朝廷重臣，不是察言观色，不是见风使舵，没有为现实政治作缘饰，也没有丝毫退缩和畏惧，而是直言不讳，指陈弊政，不假辞色，他们身上保留了战国时期处士议政的遗风，体现了中国知识分子难能可贵的气节和风骨。

成书过程和三大主要内容

据《汉书·公孙刘田王杨蔡陈郑传》论赞所说：

> 所谓盐铁议者，起始元中，征文学贤良问以治乱，皆对愿罢郡国盐铁酒榷均输，务本抑末，毋与天下争利，然后教化可兴。御史大夫弘羊以为此乃所以安边竟，制四夷，国家大业，不可废也。当时相诘难，颇有其议文。至宣帝时，汝南桓宽次公治《公羊春秋》，举为郎，至庐江太守丞，博通善属文，推衍盐铁之议，增广条目，极其论难，著数万言，亦欲以究治乱，成一家之法焉。

由此看来，《盐铁论》这部书是西汉宣帝时汝南人桓宽根据盐铁会议的官方记录，加以“推衍”整理，增广条目，把双方辩论的问题详尽地记述下来，写成的一部具有文学特色的著作。全书共十卷六十篇，前四十一篇（从《本议》到《取下》）写的是会议上的正式辩论。自第四十二篇至第五十九篇（从《击之》到《大论》）写的是会后余谈，即贤良、文学向大夫等人辞行，大夫向他们征求征伐匈奴的意见，顺便又讨论了任刑任德的问题。最后一篇“杂论”是作者写的后序。书中每篇各标目，采用对话文体，以生动的语言真实反映了当时的辩论情景，目的是“究治乱”“成一家之法”，也就是总结治国的经验教训。

有学者将《盐铁论》分为三个部分，自《本议》至《利议》为大夫与文学的辩难，所讨论的内容比较丰富，不限于盐铁、均输等具体问题，表达的是儒生与文法吏士之间在价值观与人生观上的不同，其深层内容是由来已久的儒家与法家的义利之辩。文章句子整齐，多对句，语言十分优美。从《国疾》至《取下》为大大与贤良的辩难。贤良征自长安，既有三辅的儒生，也有各府的官员，他们对朝廷的弊病看得比较清楚，所以发言具有很强的针对性，尤其对朝廷自上而下的奢侈之风，论述得尤为详备深刻。文章多排比和对比，整体上以散句为主。从《击之》到《大论》，又是大夫与文学的论辩，主要讨论攻击匈奴和任刑任德的问题，但文风却与第一部分有较大不同，以散句为主，不像第一部分那样整齐，大概由于这一部分是大夫向贤良、文学征求意见的记录。

杰出的经济思想：义利之辩、本末之辩及贫富之辩

作为一部重点论述西汉财政经济的著作，《盐铁论》中的经济思想值得我们重视，主要体现在三个方面。

（一）义利之辩

所谓“义利观”是研究人性本质的问题，贤良、文学认为人性本善，应当重义轻利，而法家学派则相反，认为人都是趋利避害的。贤良、文学认为治国必须“以礼义防民欲”，“治人之道，防淫佚之原，广道德之端，抑末利而开仁义，毋示以利，然后教化可兴，而风俗可移也”，认为政府以利示人会形成不良的社会风气。当

然，贤良、文学并不否定利，而是强调“君子爱财，取之有道”，认为人要以平和之心取得财富，若不符合仁义道德，宁可舍去物质而保证品质的高洁。贤良、文学极力反对盐铁官营政策，认为这是造成百姓贫穷的根源，同时抨击那些通过该政策获取好处的官员。

桑弘羊等人对“重义轻利”的观点进行反驳，认为好利是人的本性，他引用司马迁“天下攘攘，皆为利往”的观点证明人趋利避害的本质。同时，桑弘羊认为，盐铁官营和均输、平准，在增加政府财政收入的同时也大大便利了百姓，是“义利”皆符合的。他还认为，只有国家干预经济才能控制兼并和富豪势力。

（二）本末之辩

本业指的是农业，末业指的是工商业。本末之辩是《盐铁论》最核心的部分。贤良、文学主张“重本抑末”，认为商业繁荣与农业兴盛之间是相互矛盾的。“国有沃野之饶而民不足于食者，工商盛而本业荒也”，在贤良、文学看来，农业荒废是百姓吃不饱穿不暖的根源，“自古及今，不施而得报，不劳而有功者，未之有也”。

桑弘羊等人则认为应该本末并重。随着社会分工的细化，工商业的产生是历史发展的趋势，在社会生产水平相对比较低下的封建社会，“重本抑末”的观点有利于小农经济的发展，但是这种小发展却阻碍了社会的大发展，因此他们认为工商业有助于富国兴邦，而且能给百姓生活带来便利。由此得出结论，本末并重有助于促进社会的分工以及商品的流通，对经济的发展和生产力的提高具有积极影响。

（三）贫富之辩

贫富之辩的焦点主要集中于是先富国还是先富民。贤良、文学强调富民优先，“民人藏于家，诸侯藏于国，天子藏于海内。故民人以垣墙为藏闭，天子以四海为匣匾。”主张让百姓先富起来，提出官府放权让百姓自由经营，他们认为，山川还是那些山川，田地还是那些田地，如果没有农民的生产，怎么能产生百倍的利益呢？大夫、御史则强调富国为先，认为人的本性是趋利避害的，欲望是无穷的，因而君主可以利用这一点，让百姓更加勤奋地耕作，不断壮大国家的实力。他们认为，优先富民会导致兼并，对国家政局的稳定产生冲击，而从另一方面来说，国家富强了，人民群众自然也就富裕了。桑弘羊提出，贫穷人之所以贫穷是因为懒惰，只有智者以及勤劳的人才能富有。而且，如果不注重储蓄，政府的补贴永远无法满足穷人。

可见，《盐铁论》一书系统概括了社会各阶层所体现的利益观和经济思想，是我国古代经济思想的重要组成部分。如今，我们在处理现实经济问题时，应该全面把握、充分考虑如何正确处理好个人、集体、国家利益之间的关系；我们每个人在追求物质利益之余，还要注重提高精神方面的素养；要建立正确的义利观和消费观，这对国家的富强和发展具有重大意义。

重新发掘的现代价值

《盐铁论》为我们提供了西汉时期宝贵的经济史料，这一点前面已进行了论述。除了经济方面，这部书的价值还体现在以下几个方面。

首先，从学术史的角度看，有几点值得注意。一是无论尊孔与否，双方都对“五经”表示了极大的认同，双方言论中均大量引用“五经”之文。这说明汉武帝“罢黜百家，表章六经”确实收到了很好的效果。二是孟子思想得到贤良、文学的高度重视。有学者考证，《孟子》在会议中被引用七十二次，在所有典籍的引用中仅次于《论语》。贤良、文学以孟子“仁政”“王道”的思想批评武帝政治，第一次将孟子放到与孔子同等的地位。这是孟子在中国思想史上地位上升的一个标志，具有重大历史意义。而通过贤良、文学，也可见当时民间已逐渐产生一批精于“六艺”和孔孟之学的知识分子。这批人将陆续走上政治舞台，以学术引领政治，深刻影响中国历史的进程。

其次，从社会史的角度看，《盐铁论》给我们提供了大量了解汉代下层社会的风俗史料，其中最重要的莫过于《散不足》篇。在该篇中贤良历数社会风俗在武帝以前与自武帝以来由俭入奢的变化，涉及衣食住行、婚丧嫁娶等各领域。我们知道，《史记》《汉书》等正史所记多为上层的风尚习俗，对下层社会的风俗、特产等没有过多关注，《盐铁论》弥补了正史的不足。此外，如果将《散不足》篇中的这些社会史资料与近年出土的各种汉代文献、实物相结合，或能进一步窥探汉代社会的生动面貌。

再次，本书较完整地保留了桑弘羊的生平、思想和言论，是研究桑弘羊这位古代理财家的一部重要著作。《史记》对桑弘羊的记述不够完备，《汉书》又未给其立专传，而《盐铁论》可以说是半部桑弘羊传。书中的御史大夫即桑弘羊，他站在西汉中央政府的立场，强调法治，坚持国家干预经济的政策，对盐铁官营、均输、平准等重大政策措施采取坚决维护的态度。《盐铁论》的整理者桓宽虽然站在反对桑弘羊观点的立场，但他能把盐铁会议辩论双方的思想、言论较为真实地整理出来，使得书中桑弘羊的思想和言论比较可靠，研究桑弘羊，离不开这部著作。

最后，书中的一些观点也值得我们借鉴，比如《刺权》篇中，文学指出，为官者应该以天下为己任，而不是为厚禄和荣宠，“君子之仕，行其义，非乐其势也。受禄以润贤，非私其利”。又如《救匮》篇中，贤良提出导致国家财政匮乏的根本原因是权贵阶层的奢豪之风，要求从政者做到衣着合适、躬行节俭，以敦厚朴实作民众的表率，杜绝吏治腐败，改善社会风气。应该说，贤良、文学的这些观点意在提醒为官者要注重自身修养和操守，作百姓的表率，这无疑是具有积极意义和借鉴价值的。

经典诵读：《盐铁论》选读

大夫曰："刚者折，柔者卷。故季由以强梁死，宰我以柔弱杀。使二子不学，未必不得其死。何者？矜己而伐能，小知而巨牧，欲人之从己，不能以己从人，莫视而自见，莫贾而自贵，此其所以身杀死而终菹醢也。未见其为宗庙器，睹其为世戮也。当此之时，东流亦安之乎？"

文学曰："骐骥之挽盐车垂头于太行之坂，屠者持刀而睨之。太公之穷困，负贩于朝歌也，蓬头相聚而笑之。当此之时，非无远筋骏才也，非文王、伯乐莫知之贾也。子路、宰我生不逢伯乐之举，而遇狂屠，故君子伤之。若'由不得其死然'，'天其祝予'矣……"

大夫曰："今之学者，无太公之能，骐骥之才，有以蜂虿介毒而自害也。东海成颙、河东胡建是也。二子者以术蒙举，起卒伍，为县令。独非自是，无与合同。

引之不来，推之不往，狂狷不逊，忮害不恭，刻铄公主，侵陵大臣。知其不可而强行之，欲以干名。所由不轨，果没其身……”

文学曰：“二公怀精白之心，行忠正之道，直己以事上，竭力以徇公，奉法推理，不避强御，不阿所亲，不贵妻子之养，不顾私家之业。然卒不能免于嫉妒之人，为众枉所排也。其所以累不测之刑而功不遂也。夫公族不正则法令不行，肱肱不正则奸邪兴起。赵奢行之平原，范雎行之穰侯，二国治而两家全。……”(《讼贤》)

大夫说：“刚强的东西容易折断，柔弱的东西容易卷起。所以子路因强横而死，宰我因柔弱被杀。假使子路、宰我二人不从孔子受学，那么他们未必不得好死。这是为什么呢？自视甚高，夸耀才能，小智慧却承担大责任，希望别人顺从自己，不能让自己顺从别人；没有人看得上，却要自我表现；没有人愿意买账，却要自抬身价，这就是他们被人杀死、剁成肉酱的原因。人们没有看到他们成为宗庙治国之器，却看到他们被世人所杀。在那个时候，即使随江水东流，也只好如此了吧？”

文学说："千里马拉着载盐的车，垂头丧气地走在太行山的山坡上，屠夫手里拿着刀，斜看着千里马。姜太公穷困的时候，背着货物在朝歌叫卖，那些蓬头垢面的人聚在一起嘲笑他。在那个时候，并不是没有良马和俊才，而是除了周文王和伯乐之外，就没有人知道他们的价值了。子路、宰我生前没有遇到伯乐的举荐，反而遇到疯狂的屠夫，因而孔子悲伤地说：'像仲由怕不得好死呢'，'老天爷要断绝我啊'……"

大夫说："如今的学者，没有姜太公的才能，没有千里马的才力，却有蜂蝎的狠毒，最终害了自己。东海郡成颙、河东郡胡建就是这样的人。他们二人以权术得到推举，出身行伍，做到县令。以一己之意为是非，没有人与他们合得来。你请他不来，你推他不走，狂妄激进，言行不逊，对人忌刻，桀骜不驯，欺压盖长公主，侵犯朝廷大臣。明知其不可做，却要勉强推行，想以此来求得名声。所作所为不合法规，最终自己丢了性命……"

文学说："成颙、胡建二位怀有精诚洁白之心，施行忠贞正直之道，正直地侍奉皇上，尽力履行公职，按照法令审理案件，不畏强暴，不偏袒亲近之人，不顾妻子儿女的生计和私人的产业。然而最终不能免于嫉妒之人，被众多不正直的人所排挤。这就是他们遭遇不测之刑而功名不成的原因啊。皇亲国戚风气不正就会导致法令不能推行，君主的得力干将风气不正就会导致奸邪兴起。当年赵奢对平原君秉公执法，范雎劝秦昭王驱逐穰侯魏冉，结果赵、秦二国得到治理，而平原君、穰侯两家性命也得以保全……”

十四 《论衡》：唯物主义思想家王充的代表作

王充的家世及著书背景

提起中国古代的唯物主义思想家，我们往往会想到战国时期的荀子、东汉时期的王充、南朝时期的范缜以及明末清初的王夫之等人。其中东汉王充的代表作《论衡》又是宣传唯物主义和无神论思想的重要著作。

关于王充的生平，主要记载在《论衡·自纪篇》以及《后汉书·王充传》中。王充，字仲任，生于东汉光武帝建武三年（27）。他的先祖，本是魏郡元城（今河北大名）人，因立了军功，封于会稽阳亭，但仅仅过了一年时间，就被削去爵位而成为普通平民，从事农耕。他的曾祖父王勇，好意气用事，《论衡·自纪篇》中用的是“任气”一词，结果可想而知，就是与谁都合不来，结怨众多。此后不久便赶上了灾荒年头，又值兵荒马乱，王充的祖父王汎怕被仇人捉住，无奈之下不得不舍弃田园，领着全家肩挑车载着家当来到钱塘县，在这里以“贾贩为事”，就是做起了小生意。王汎生子二人，长子叫王蒙，次子叫王诵，王诵就是王充的父亲。

曾祖父王勇“任气”的传统，到了王蒙、王诵这里非但没有收敛和改变，反而有过之而无不及，结果不用说又是结怨众多，特别是与当地豪强地主丁伯结了怨。要知道，在东汉时代，豪强地主势力强大，与他们结怨一定没有好的下场。于是，王家又不得不举家搬往上虞（今浙江上虞）。王充正是出生在这个地方。

王家经历了两次大的迁徙，家道逐渐衰落了。但是，王诵并没有放弃让儿子王充受教育的机会。六岁时，王充开始读书写字，八岁入书馆读书。王充自幼聪慧，又无过失，受到了老师的赞扬。大概是这个缘故，王充被保送到京城洛阳的太学（传授儒家经典的最高学府）读书，当时他才二十八岁。他的老师即当时著名的儒学大师班彪。如果你对班彪这个人不太熟悉的话，那么提起他的儿子班固，应该算是家喻户晓了。其实，班固修撰《汉书》，很多史料都来源于他父亲班彪所著的“后传数十篇”。在班彪这里，王充学习的是《论语》《尚书》等儒家经典，但是，他不肯盲目地相信一家之言，而是博览群书。由于家贫，王充买不起书，他就到洛阳的书肆里去看书，在那里他接触到了太学中禁止阅读的诸子百家之言。加之王充的记忆力特别好，能过目成诵。就在看书之时，王充有了自己的思考和判断。同时，我们也可以看出，王充之所以能成为大学者，于天赋之外，还有刻苦的学习。

在读书之余，王充不断思考，越来越对太学中教授的儒家学说产生疑问，以致认为“伪书俗文，多不实诚”，“俗儒守文，多失其真”。从今天的研究来看，王充的判断是有一定道理的。因为自从董仲舒“罢黜百家，独尊儒术”以来，儒学中便加入了黄老之术乃至谶纬之说，变得神秘化了。对于儒学中一些“神秘化”的言论，王充不盲从，而是采取了批判的态度，这是他唯物主义和无神论思想的发端。王充说自己“经明德就，谢师而专门，援笔而众奇”，这背后应该还有一个原因，就是他的一些观点和老师班彪有所不合。在当时人眼里，王充是一个“异类”：进太学如此之难，王充却谢师而退；学习儒家经典就可以做官，王充却对其加以批判。

“谢师”后的王充，回到了故乡上虞，一面教授学生，一面独立研究。其间他也做过官，说是“官”其实有点勉强，我们先看看他做过的职务：“在县位至掾功曹，在都尉府位亦掾功曹，在太守为列掾五官功曹行事，入州为从事。”无论是“掾功曹”，还是“从事”，不过是州郡的属吏，主要起辅助的作用，地位卑微。但是，职位虽低，王充却不盲目附和，溜须拍马，以求升迁，而是不趋炎附势，不同流合污，甚至还直言谏诤，因此触犯了一些权贵，终至罢官回家。

官场失意的王充并没有灰心丧气，正如他自己说的那样，“得官不欣，失位不恨”。他把主要精力放在了著书立说上，“居贫苦而志不倦，淫读古文，甘闻异言”，“幽处独居，考论虚实”，最终完成了《论衡》《讥俗节义》《政务》《养性》等著作，其中《讥俗节义》是批判当时社会风气的，《政务》表达了王充的政治见解，《养性》是关于养气自守的议论。可惜，这三部书都已失传，留下来的仅有《论衡》一部。而《论衡》可以说是王充花费毕生精力完成的一部作品，创作前后历时达三十余年，充分反映了王充的见解和主张，特别是他的唯物主义和无神论思想。

到了晚年，王充又做过一些小官，但都不长久，生计也出了问题，乃至“贫无供养，志不娱快”。大约在公元 95 年至 96 年，王充病逝于家。

论衡，衡量古往今来一切思想

《论衡》一书的产生和汉代社会谶纬学说以及天人

感应学说的盛行密不可分。谶是天帝降下来的预言和暗示，后来演变成为秦汉一些儒家学者编造的预示吉凶的隐语；纬也是解释经的文字，不过纬书解经，并非真正的研究学问，而是把经书作为圣人留下的语言，在解释时穿凿附会地制造迷信故事。加之，汉武帝时期，董仲舒提出了天人感应学说，对儒学进行加工改造，在其中掺入了不少神秘性和神学色彩，并将其确立为合法的官学。

到了东汉，这种思潮更加强盛。原因在于，东汉开国皇帝光武帝刘秀在未做皇帝前，有一位儒生从关中带来一卷“天书”（即谶纬之书），上面写道：“刘秀发兵捕不道，四夷云集龙斗野，四七之际火为主。”于是，刘秀就受命于天，做了天子，并以此昭告天下。刘秀因为谶纬而当了皇帝，登基后的第一件事就是“宣布图谶于天下”。这就使得当时社会的主流思想中弥漫着封建神学。

其实，在今天看来，谶纬学说、天人感应学说都是统治者用来麻痹广大民众、维护王朝统治的工具。当时民众的学识普遍较低，这种带有神秘色彩的迷信思想才得以广泛传播。

生活在东汉时期的王充，自然受到了当时社会谶纬和天人感应学说的影响，而且他还在太学中学习过。但是，王充没有把自己局限在儒家经典之内，而是广泛涉猎不同的书籍，并有着自己独立的思考。他一反社会当时的主流思想，提出了无神论和唯物主义观点。

当然，王充的这一思想，也是受到了他人启发的。比如东汉初年学者桓谭，坚决反对谶纬迷信，并著《新论》一书。王充深受其影响，在《论衡》中对桓谭给予了很高的评价。此外，古文经学家刘向、刘歆父子反对以天人感应的观点来解释一切人事现象，让王充产生了深思。在社会背景和多重因素交织下，王充的这部代表作《论衡》就诞生了。

取名“论衡”，衡即秤，“论衡”的意思就是，作者要对古往今来的一切思想学说加以衡量，评其是非，定其轻重，抨击所谓的虚妄之说，即“论衡者，……铨轻重之言，立真伪之平”，“就世俗之书，订其真伪，辩其实虚”，“折衷以圣道，析理于通材，如衡之平，如鉴之开”，《论衡》“一言也，曰：疾虚妄”。

《论衡》一书，历来著录都是八十五篇。流传至今的有三十卷和十五卷两种，也都是八十五篇，其中第四十四篇《招致篇》有篇名而无正文，实存八十四篇。现代学者把《论衡》实存的八十四篇作了大体归类：

其一是从不同的角度论述性命问题的，有十四篇。其中，《物势篇》是性命说所依据的理论，《本性篇》与《率性篇》主要说性，《初禀篇》《无形篇》《偶会篇》《命禄篇》《气寿篇》《命义篇》《逢遇篇》《累害篇》《幸偶篇》《吉验篇》主要说命，《骨相篇》说性和命在骨体上的表征。

其二是论述天人关系的，有二十篇。其中，《自然篇》是天人关系说所依据的理论，体现了王充的自然主义天道观，《寒温篇》《谴告篇》《变动篇》《感类篇》是评论当时儒家阴阳灾异、天人感应诸说违背了天道自然之义，《明雩篇》《顺鼓篇》《乱龙篇》《遭虎篇》《商虫篇》是论述当时灾异变动的，《治期篇》《齐世篇》《讲瑞篇》《指瑞篇》《是应篇》《宣汉篇》《恢国篇》《验符篇》《须颂篇》《佚文篇》是论述当时各种瑞应的。

其三是论人鬼关系及当时禁忌的，有十六篇，这部分贯穿了王充的无神论精神。其中，《论死篇》《死伪篇》《纪妖篇》《订鬼篇》《言毒篇》《薄葬篇》《祀义篇》《祭意篇》主要论述的是人鬼关系，反复阐明人死无知，不能为鬼，不能致人祸福，因而提倡薄葬；《四讳篇》《谰时篇》《讥日篇》《卜筮篇》《辨祟篇》《难岁篇》《诘术篇》《解除篇》论述的是当时的各种禁忌，说明吉凶祸福，皆遭适偶然，所以不应相信一切迷信的禁忌。

其四是评论书传中的天人感应说及虚妄之言的，有二十四篇，这部分充分体现了王充朴素的唯物主义认识论和实事求是的精神。其中，《变虚篇》《异虚篇》《感虚篇》《福虚篇》《祸虚篇》《龙虚篇》《雷虚篇》主要是评论书传中的天人感应说，《奇怪篇》《书虚篇》《道虚篇》《语增篇》《儒增篇》《艺增篇》《问孔篇》《非韩篇》《刺孟篇》《谈天篇》《说日篇》《实知篇》《知实篇》《定贤篇》《正说篇》《书解篇》《案书篇》主要是评论书传中的虚妄之言。

其五是论述区分贤佞才智和用人制度的，有《答佞篇》《程材篇》《量知篇》《谢短篇》《效力篇》《别通篇》《超奇篇》《状留篇》等八篇。

其六可以当作自序和自传使用，包括《对作篇》和《自纪篇》两篇。

现代价值

作为一部蕴含唯物主义和无神论思想的力作，直到今天《论衡》仍有其积极意义。

首先，《论衡》旨在破除对天神的迷信。汉代继承了前代对天神的迷信说教，认为天是至高无上的神，像人一样具有感情和意志。董仲舒说，天是“百神之大君”。《白虎通义》说，天是“居高理下为人镇”的主宰世界的上帝。认为天神能赏善罚恶，君主的喜怒、操行的好坏和政治的得失都会感动天神，使其做出相应的回答，而自然界的变化就是天神意志的体现。这种观点是当时唯心主义神学的主要内容。对此，王充系统阐释了天是自然而不是神的唯物主义观点。他根据天文科学知识和一般常识，认为天和地一样，是客观存在的平正无边的物质实体，有自己的运行规律。日月星辰也都是自然物质，“系于天，随天四时转行”。出于对天的朴素唯物主义认识，王充还吸收了道家自然无为的思想，提出人和万物都是天地施放出来的“恬澹无欲，无为无事”的气自然形成的，“天地合气，万物自生”。他还说“天动不欲以生物，而物自生，此则自然也；施气不欲为物，而物自为，此则无为也”，这种自然无为的观点，既肯定了自然界的物质性，又肯定了自然变化的客观性，从根本上否定了天神的存在。此外，汉代唯心主义神学还编造了很多谶纬学说宣扬君权神授，说帝王不是人的后代而是天神用某种神物生出来的，符瑞是天神授命帝王统治天下的象征。对此，王充一针见血地指出：“人，物也。虽贵为王侯，性不异于物。”他进一步用“物生自类本种”的唯物主义观点，指出帝王也是人生的，不是什么天神的后代。王充的这一观点，是对君权神授说的公开挑战，在当时的环境下，无疑反映了一个唯物主义者的大无畏精神。再有，汉代社会“天神谴告人君，犹人君责怒臣下”这种天人感应谴告说十分盛行，日食、水灾、旱灾等，在当时都被认为是天神对君主或官员的谴告。对此，王充继续他的唯物主义思想，认为天是无意识的物质实体，灾异的发生，只是一种自然想象，有它自身的规律，没有什么值得奇怪的，根本不是天神的有意安排，而且他还揭露出这样一个社会本质，即谴告说产生的社会基础是政治的腐败。今天看来，王充的这一观点很具有前瞻性。

其次，《论衡》旨在破除对鬼神的迷信和封建迷信。

王充生活的时代，各种鬼神迷信泛滥成灾，仅汉光武帝建武二年（26）“初制郊兆于洛阳城南”时，所祠诸神就达一千五百余种。汉章帝时还嫌不够，继续增加。王充对此进行了批判，特别是对“死人为鬼，有知，能害人”的说法，提出了“死人不为鬼，无知，不能害人”的无神论主张。他继承了桓谭的以烛火比喻形神的唯物主义观点，精辟地指出：“天下无独燃之火，世间安得有无体独知之精？”就是说，精神必须依靠形体才能产生，世间根本没有什么死人的灵魂存在。这就从一定的高度批判了灵魂不死的谬论。在此基础上，他进一步指出当时人们祭祀的鬼神，其实都是不存在的，“百祀无鬼，死人无知”，“祭之无福，不祭无祸”。另外，当时人们居家生活时的迷信禁忌多如牛毛，像搬家、盖房、丧葬、婚嫁、生子等。王充不仅一一驳斥了各种封建迷信禁忌，还着重揭露了各种迷信骗术，为的是让百姓少受伤害。

再次，《论衡》体现了王充治国、惠民的思想。王充反对厚葬的习俗，认为这是个人虚荣心的体现，更是劳民伤财之举。厚葬习俗带来的后果就是社会上“财尽民贫，国空兵弱”，甚至“国破城亡，主出民散”。与此同时，王充还提出统治者要多关注民生，注重百姓的实际生活和物质利益，实行惠民之政。只有这样，统治才能稳定，社会才能和谐。

最后，王充在书中还提出了自己的人才观。王充通过研究历史，认为人才对国家兴亡具有重要的作用，是国家盛衰的决定性因素之一。在《效力篇》中，他通过叙述历史事实，表明了人才的重要性。他还提出，要通过人才实际施展其才能的效果，判断人才的层次和作用的大小，这是与他唯物主义思想一脉相承的。此外，王充还以千里马作比喻，当千里马被用来“引盐车”时，“垂头落汗，行不能进”，这说明没有将它用在合适的地方，虽然用了，但它的价值却体现不出来。使用人才也是一样，要将其安排在合适的职位上，才能做到人尽其用。

经典诵读：《论衡》选读

天者，普施气万物之中，谷愈饥而丝麻救寒，故人食谷、衣丝麻也。夫天之不故生五谷丝麻以衣食人，由其有灾变不欲以谴告人也。物自生，而人衣食之；气自变，而人畏惧之。以若说论之，厌于人心矣。如天瑞为故，自然焉在？无为何居？

…………

或曰：“太平之应，河出图，洛出书。不画不就，不为不成。天地出之，有为之验也。张良游泗水之上，遇黄石公，授太公书。盖天佐汉诛秦，故命令神石为鬼书授人，复为有为之效也。”曰：此皆自然也。夫天安得以笔墨而为图书乎？天道自然，故图书自成。晋唐叔虞、鲁成季友生，文在其手，故叔曰“虞”，季曰“友”。宋仲子生，有文在其手，曰：“为鲁夫人。”三者在母之时，文字成矣，而谓天为文字，在母之时，天使神持锥笔墨刻其身乎？（《自然篇》）

天普遍地散布气于万物之中，谷物能充饥而丝麻能御寒，所以人类吃谷物、穿丝麻。天不是有意识地生出五谷丝麻来给人类吃穿，就像出现了自然灾变不是天想用它来谴责告诫人一样。物自然地产生出来而人类穿它吃它，气自然地产生灾变而人类畏惧它。以这样的解释来论述它，就能使人信服了。如果祥瑞是天有意安排的，那么，自然的道理在哪里呢？无为的道理又在何处呢？

……………

有人说："太平盛世的瑞应，是黄河出现图，洛水出现书。图不画不成，书不写不成。天地出示了河图、洛书，这是上天有意识活动的证明。张良游荡在泗水旁，遇到黄石公授与太公书。大约是上天辅佐汉朝灭亡秦朝，有意命令神石写成兵书授与张良，这又是上天有意识活动的证明。"我说：这些都是自然而然的事情。上天怎么会用笔墨来写成图书呢？天道自身如此，所以图书自己生成。晋唐叔虞、鲁成季友出生之时，有文字在他们的手上，所以叔的名字叫"虞"，季的名字叫"友"。宋仲子出生之时，有文字在她的手上，文字是"为鲁夫人"。这三个人在母体里的时候，手上的文字就已经形成了。如果说这些字是天写成的，难道是他们还在母体里的时候，上天命令神拿锥子笔墨把文字刻写在他们身上的吗？

十五 《世说新语》：魏晋士林众生相

皇族刘义庆的编撰旨趣

《世说新语》是我国现存最早的一部志人小说集，所谓志人小说是指魏晋南北朝流行的专记人物言行和历史人物传闻轶事的一种文体。

关于这部书的作者，目前有两种看法：一种认为是由南朝宋临川王刘义庆主编而成于众手，持此观点的，以鲁迅为代表；另一种认为是由刘义庆一人编写而成，持此观点的，以《世说新语研究》的作者王能宪为代表，同时古代大部分著书目录也都把刘义庆作为《世说新语》的著者来看待。无论哪种观点，都无法否认刘义庆对此书的编撰之功。刘义庆属于皇族，是南朝宋武帝刘裕之弟刘道怜的儿子，被封为南郡公，后来过继给了叔父临川王刘道规，袭封临川王。

《世说新语》最初称《世说新书》或《世说》。西汉的刘向曾著有《世说》一书，可惜已经亡佚。学者余嘉锡认为，刘向《世说》的内容上述春秋，下迄秦汉。刘义庆沿用其体例，时间上与刘向《世说》相续，因此取名《世说新书》，以示区别。像《隋书·经籍志》《旧唐书·经籍志》《新唐书·艺文志》只题《世说》，是省略的称呼。这种看法是很有道理的。至于《世说新书》何时改名《世说新语》，目前没有确定的意见，但自北宋晏殊系统整理删定后，《世说新语》就作为通行的名称流传至今了。

今本《世说新语》为三卷，主要记录了东汉末至东晋时期二百多年士族阶层的逸闻琐事和言行举止，其中魏晋，特别是东晋时期的内容占了主要部分。当然，书中所记人物并不限于士族阶层，上自帝王将相，下至士庶僧徒，其言行凡有值得称述者，都有记载。据统计，全书记事一千一百三十余则，分为德行、言语、政事、文学、方正等三十六类，每一类都表现了士族名流思想和生活的一个侧面，各门综合，便体现了魏晋士人整体的风度和精神风貌，反映了当时社会的政治、历史、道德、哲学等方面的状况和特征，无外乎被鲁迅称为“一部名士底（的）教科书”。

讲到这里，我们不禁有个疑问：身为皇族、临川王的刘义庆为什么不积极参与国家政治，反而花费十余年时间编撰这样一部小说集呢？这与当时的社会背景和刘义庆本人的性格有关。众所周知，东汉末到魏晋南北朝，是中国历史上动荡与分裂时期。东汉末年政治败坏，引发了黄巾起义，天下大乱；随后军阀割据，形成三国鼎立的局面。西晋虽然实现了统一，但不久就爆发了“八王之乱”，北方游牧民族趁机南下，中原地区遂成为诸族斗争的战场。东晋建立后，偏安东南，阶级矛盾依然没有调和，农民起义不断，最终刘裕取代了司马氏政权，建立了刘宋王朝。然而，刘宋统治阶级内部的斗争仍十分激烈复杂。史载，刘裕死后，为了争夺帝位，皇子们互相争斗，刘义庆处在宋文帝刘义隆对于宗室诸王怀疑猜忌的统治之下，为了全身远祸，转而寄情文史，广纳门士，以著书为乐。

此外，就刘义庆本人来说，他年轻时曾跟从伯父刘裕征战，做过东晋辅国将军、北青州刺史、豫州刺史等职，刘宋建立后，他又以临川王身份历任侍中、中书令、荆州刺史等要职，但政绩却乏善可陈。一个很重要的原因就在于刘义庆本人并不热衷于国家事务，特别不愿意卷入权力斗争。史料记载，他“为性简素，寡嗜欲，爱好文义，才词虽不多，然足为宗室之表”。热爱文学的刘义庆，还与文学之士相交游，当时有名的文士如袁淑、陆展、何长瑜、鲍照等人都曾受到他的礼遇，加之受当时追慕魏晋风度之风气的影响，于是刘义庆编撰了《世说新语》一书。其实，除了这部书外，刘义庆还著有《徐州先贤传》《典叙》《幽明录》《江左名士录》等，但多已亡佚，只有《世说新语》一书较为完整地流传下来。

刘孝标作注的特点与功用

《世说新语》确实在一定程度上反映了魏晋时期的社会风貌和文化生活，但当时或掇拾旧闻、或记述近事的笔记小说也有不少，若仅以此书本身的内容分量论，恐怕较难成为传世之作。这部书之所以能够流传下来，还得益于南朝（宋到梁间）学者刘孝标为此书作了注。

刘孝标一生经历可谓坎坷。他本名法武，平原（今山东平原）人，生于南朝宋孝武帝大明六年（462），出生不久便失去了父亲，母亲带着他和哥哥法凤回到乡里。不料，宋明帝时，青州被北魏攻破，法武被人贩子领去卖给了富人刘实。刘实见他聪慧好学，便教他读书。法武十分刻苦，读书常常到天亮。南朝齐武帝时，法武与哥哥一起来到江南，改名峻，字孝标。为《世说新语》作注，就是从此时开始的。

刘孝标的注主要有以下特点：

首先，引用文献颇为宽泛，且尤以史著为重。据统计，注文引用的三百余种书籍中，属于经部的仅占十分之一，而且在引用次数上也不多，而引用史传书籍则十分频繁。值得一提的是，刘孝标所引史籍，后世逐渐散佚，刘注起到了文献保存和流传的功用，因而得到后世史家学者的重视。

其次，在加注方式上，刘孝标的注大异于汉儒传统的经注，它既不囿于文字、章句的训诂，又不偏执于文章义理的阐释，而是将注的重点放在所注人、事的真实性上，这种求真务实的精神构成了刘注的本质特征。也正是这种注法，赋予了《世说新语》深厚、可信的历史资料性和社会实证性，大大提高了这部书的文献价值。

再次，在注释体例上，刘注与魏晋南北朝阶段出现的新派注释趋同，即与稍前产生的《三国志》裴松之注相类似，具有广搜传记和世谱、博采群书、缘史增异文、注文多于正文数倍等特点。

最后，刘孝标在求真、求准思想的指导下，对《世说新语》进行了相当审慎的校勘纠谬工作。他遵从司马迁“疑者阙焉”的原则，承继郑玄的依文意来断定错讹衍脱，用他校、理校等方法，对《世说新语》进行了全面的疏通和整理，使其更加完善。

正是由于以上特点，刘孝标的《世说新语》注受到了很高的评价。《四库全书总目》记载说：

> 孝标所注，特为典赡。高似孙《纬略》极推之。其纠正义庆之纰漏，尤为精核。所引诸书今已佚其十之九，惟赖是注以传。故与裴松之《三国志注》、郦道元《水经注》、李善《文选注》，同为考证家所引据焉。

鲁迅先生也说，刘注“征引浩博，或驳或申，映带本文，增其隽永”，《世说新语》“惟赖是注以传”。

“文化宝典”的价值是什么

《世说新语》作为志人小说的代表作，对后世笔记小说产生了很大影响，仿其体例而成的作品历代有之，比如唐代刘肃的《大唐新语》、王方庆的《续世说新语》，宋代王谠的《唐语林》、孔平仲的《续世说》，明代到近代则有何良俊的《何氏语林》、王晫的《今世说》、易宗夔的《新世说》，等等。此外，《世说新语》中的不少故事，成为后世戏剧小说创作的素材，比如关汉卿的杂剧《玉镜台》取材于《假谲》第九则“温公丧妇”，又如《假谲》第二则曹操令士兵望梅止渴，后来成为罗贯中《三国演义》中的生动情节。此外，像“管中窥豹”“皮里阳秋”“鹤立鸡群”“曹操捉刀”等常见常用的成语典故，也出自其中。

这部书的价值主要表现在：

首先，通过此书，我们可以清楚地了解魏晋时期的社会风尚和名士风度。这部书以大量篇幅记叙了魏晋名士清谈、饮酒、服药、隐逸的故事（尤其集中在《文学》《任诞》《栖逸》诸篇），这种率真放任、适性尽情的精神特质和言行风范，被后人概括为“魏晋风度”或“名士风度”。魏晋风度的形成，缘于汉末魏晋之际，政治极为黑暗，阶级矛盾日益尖锐，黎民百姓生活困苦。而上层统治集团内部尔虞我诈，争权夺势，干戈之声不绝于耳，虚伪仇杀举目皆是，文人士大夫也不免遭受杀身之祸。魏晋名士既要全身远祸，又要填补精神上的空虚，缓解精神上的痛苦，于是有的人选择隐居遁迹，寄情山水；有的人耽溺于酒色，佯狂放荡不羁；还有的人论道谈禅，显示其高雅不俗；更有人服食药石，祈望益寿延年；等等。应该指出，书中体现的魏晋风度包含了不少消极颓废的成分，是当今应该予以否定的，但联系当时的社会背景来看，这也真实反映了魏晋士人的心理状况。

其次，书中表彰和赞扬了一些高尚人物及其行为，例如《德行》第九则记荀巨伯远行探友，并在危难之际重义轻生；第十一则记管宁轻鄙金钱，蔑视权贵；第四十则记殷仲堪借鉴自律并以此教育子弟。《文学》第六十八则赞扬皇甫谧为左思《三都赋》作序，奖掖后进。《贤媛》第二十则记陶侃用公物孝敬母亲，陶母拒收并对其进行责备，表现了这位母亲高洁的品行。《自新》第一则叙述了周处悔过自新、造福乡里的故事，肯定了弃恶向善的可贵精神，同时，书中也揭露了统治阶级贪婪奢侈、凶残暴虐的本性。《汰侈》通过集中记录石崇、王恺这两个人物的言行来反映当时豪门世族穷奢极欲的生活，石崇竟杀侍女来劝酒，视人命为儿戏，令人发指；《俭啬》描写王戎既富且贵，却又吝啬异常，讽刺贪婪聚财者可谓入木三分。总之，《世说新语》体现出来的弘扬美善德行、揭露黑暗丑恶的立场和价值观，在今天仍是值得肯定的。

最后，《世说新语》以文笔简洁明快、语言含蓄隽永著称于世，往往只言片语就可以刻画出人物的形象和性格特征，鲁迅曾评论这部书："记言则玄远冷峻，记行则高简瑰奇。"的确，《世说新语》善于抓住每个人物的特征，作写意式的夸张描绘；善于运用对比，突出人物的个性；善于把记言与记事结合起来，情节曲折，富于戏剧性，读之余味无穷。这不仅为我们研究魏晋时期的语言文学提供了宝贵史料，写作手法更值得当代文学家研究和借鉴。

可以说，《世说新语》是一部蕴含思想深度、文学历史价值和玄远哲理的文化宝典。

经典诵读：《世说新语》典故三则

管宁割席

管宁、华歆共园中锄菜，见地有片金，管挥锄与瓦石不异，华捉而掷去之。又尝同席读书，有乘轩冕过门者，宁读如故，歆废书出看。宁割席分坐曰："子非吾

友也。”(《德行》)

管宁和华歆一同在菜园里锄地种菜，看见地上有一小片金子，管宁不理会，照样挥锄，把金子看得像瓦块、石头一样平常，华歆却把金子捡起来扔掉。还有一次，两人同坐在一张坐席上读书，有达官贵人坐车从门口经过，管宁照旧读书，华歆却放下书本跑出去看。于是管宁就割断席子，与华歆分开来坐，说：“你不是我的朋友。”后用“管宁割席”指志不同道不合无法相交。

管中窥豹

王子敬数岁时，尝看诸门生樗蒲，见有胜负，因曰：“南风不竞。”门生辈轻其小儿，乃曰：“此郎亦管中窥豹，时见一斑。”子敬瞋目曰：“远惭荀奉倩，近愧刘真长。”遂拂衣而去。(《方正》)

王献之（字子敬）只有几岁的时候，曾经观看家中门客玩樗蒲（一种赌博游戏），看见输赢将分的时候，便说：“南风不竞（南边的要输）。”门客们轻视他是小孩子，就说：“这位小郎也只是通过管子看豹，只见到一点斑纹罢了。”王献之瞪大眼睛说：“远一点的人，我只愧对荀粲（字奉倩，三国魏著名玄学家）；近点的人，我只愧对刘惔（字真长，东晋著名清谈家）。”于是拂袖而去。后用“管中窥豹”比喻只见到事物的一小部分。

肃然起敬

远公在庐山中，虽老，讲论不辍。弟子中或有惰者，远公曰：“桑榆之光，理无远照，但愿朝阳之晖，与时并明耳。”执经登坐，讽诵朗畅，词色甚苦。高足之徒，皆肃然增敬。(《规箴》)

惠远和尚住在庐山，虽然年老了，还不断地宣讲佛经。弟子中有人偷懒，不肯好好学，惠远就说：“我像傍晚的落日余晖，按理说不会照得久远了，但愿你们像早晨的阳光，能随着时间的推移而越发明亮！”他手拿佛经，登上讲坛，诵经响亮而流畅，言辞神态非常恳切。高足弟子对他更加肃然起敬。后用“肃然起敬”形容产生恭敬仰慕之情。

十六 《潜夫论》：王符的“救世”政论集

唐代文学家韩愈写有《后汉三贤赞》，“后汉三贤”指东汉时期的王充、王符和仲长统。王充我们比较熟悉，作为唯物主义思想家，他独立思考、破除迷信的“疾虚妄”精神，对后世有着深远的影响，其代表作《论衡》是一部不朽的唯物主义哲学著作。

王符约晚于王充半个世纪，他的宇宙观和认识论同样具有鲜明的唯物主义倾向。特别是他阐述的政治理想和匡时济世的某些主张，“指讦时短，讨谪物情，足以观见当时风政”，颇具政论家的风度。王符的思想和理论主要体现在他的著作《潜夫论》中。

王符隐居著书

范晔的《后汉书》王符本传是这样介绍他的：

> 王符字节信，安定临泾人也。少好学，有志操，与马融、窦章、张衡、崔瑗等友善。安定俗鄙庶孽，而符无外家，为乡人所贱。自和、安之后，世务游宦，当涂者更相荐引，而符独耿介不同于俗，以此遂不得升进。志意蕴愤，乃隐居著书三十

余篇，以讥当时失得，不欲章显其名，故号曰《潜夫论》。

安定临泾，就是今天的甘肃镇原。王符自幼好学，而且有志向和节操。他的朋友圈多为文人学者，如马融是东汉时期著名的经学家，也是东汉名将马援的从孙，对《孝经》《论语》《周易》等颇有研究，也为这些经典作过注释。张衡就更是我们熟悉的人物了，他发明了浑天仪、地动仪，为中国的天文学、机械技术的发展作出了杰出贡献。另外，张衡还是一位文学家，他所写的《二京赋》《归田赋》，是流传至今的名篇。

然而，由于身世的原因，王符虽然有才华，却被乡里人看不起。东汉自和帝、安帝之后，政治日趋腐败，士风逐渐轻薄，当时盛行“游宦”，就是到处找关系“跑官要官”，那些有权势的人更是相互引荐，彼此交换利益，以求私利。但王符却是一个耿介正直的人，他道德意识很强，不肯卑躬屈膝而求取一官半职，更不愿逢迎巴结权贵为自己谋利。在当时的环境下，自然没有人肯赏识和提拔王符，所以他也无法获得做官的机会。

王符有志向、有才学，却因为生不逢时而不得施展抱负，他的内心很是压抑愤懑。但他始终坚守意志，不自甘堕落、与世沉浮，最终选择了隐居家中，用著书的方式来反映政治得失，表达自己的观点和思想，最终完成了《潜夫论》。

王符高洁的志向和品行，受到了当时一些士大夫的赞誉和推崇。《后汉书》记载了度辽将军皇甫规与王符的一则故事。桓帝时，有一位名将即度辽将军皇甫规，他曾在西北边地立有战功，后来因故解甲归田，回到安定郡故里。正好有另一位同乡官员也离职回家，这人曾用钱财贿赂等手段，出任雁门太守。按照当时官场的规矩，此人投递名帖前来拜见皇甫规。皇甫规知道他的底细，躺在床上故意不去迎接。那人进来后，皇甫规问道："你在雁门郡吃了大雁肉，那滋味美不美啊？"这明显是话里有话，讽刺对方的贿赂行为。不一会儿，家人来报说王符在门外。皇甫规早听说王符的大名，赶紧起身，披着衣服，趿拉着鞋，出门相迎（史书上用了"衣不及带，屣履出迎"八个字）。他亲切地握住王符的手，一同进入厅堂，两人同坐，相谈甚欢。有人将这件事编成一句谚语，说："徒见二千石，不如一缝掖。"意思是郡太守（二千石）受到的待遇，还不如一介布衣

（缝掖）高。对雁门太守和王符的不同态度，不仅说明皇甫规是一位有原则且正直的人，也说明王符的节操得到了当时一些士大夫的肯定。范晔还评论说这是“书生道义之为贵也”。

王符的《潜夫论》共十卷，包含三十余篇文章，所写题材都是关于社会政治、文化道德等问题，主旨在于批评当时的社会弊端，同时展示自己正面的从政措施、道德观念、人生境界等。每一卷大体都是一个相对明确的主旨单元，具体来说，卷一总论治国与论士；卷二上承卷一，谈论君道与用人；卷三论臣道与世风；卷四论政事，侧重于吏治与具体政令；卷五延续卷四的论政，重点在议边；卷六专论卜筮、巫术、相人诸事；卷七包括论梦与辩难两类；卷八涵盖人际交往、君臣之道、宇宙本源、道德教化及帝王世系等；卷九论述姓氏源流；卷十《叙录》为全书的总序，意在阐明著书的宗旨。

此外，《潜夫论》的书名也很有意思。范晔在《后汉书》中说：“不欲章显其名，故号曰《潜夫论》。”是说这部书以“潜夫”的自号为书名，而不是著其姓名，使之显于众。之所以“不欲章显”，这既和王符的隐居有关，也和他“耿介不同于俗”而“不得升进”的经历有关。刘文英在《王符评传》中说得更深刻：

> “潜夫论”者，“潜夫”之论。“潜夫”为作者自谓。“潜夫”首先表明作者是一位隐居山野、身在下位的“处士”，同时还表现作者对于自我价值的一种认识和对世俗、时代的一种抗议。

内容及其价值

作为东汉时期一部重要的著作，《潜夫论》在理想主张和精神品格上，继承了先秦诸子的著述精神。可以说，这部书思想之醇正、浑厚，目光之冷静、犀利，批判之切直、深刻，文笔之老成、持重，在两汉著作中是出类拔萃的。

我们说《潜夫论》对先秦子书的精神进行了传承与弘扬。这里所谓的“子书精神”，主要是就其著述当中的使命意识、理想追求、现实关注、社会批判、民生关怀等而言。班固在《汉书·艺文志》“诸子略”中说到诸子的兴起：

> 皆起于王道既微，诸侯力政，时君世主，好恶殊方，是以九家之术蜂出并作，各引一端，崇其所善，以此驰说，取合诸侯。其言虽殊，辟犹水火，相灭亦相生也。仁之与义，敬之与和，相反而皆相成也。……使其人遭明王圣主，得其所折中，皆股肱之材已。

换言之，诸子著述的根本目的是为了匡正时弊、消解民瘼、扶倾救乱、力挽衰世，简言之就是要“救世”。而这恰恰也是王符在写作《潜夫论》时萦绕胸怀而无法忘记的。

王符生活的时代，正是东汉走向没落的阶段，这与诸子所面临的战国乱世类似；王符对社会的深刻洞察和热切关注，与诸子改制救世的社会理想类似；王符对于现实的严厉批判和冷静反思，与诸子抨击乱世的批判精神类似；王符对于道义学问的大力推崇和高度重视，与诸子弘道明理的理性精神类似；王符对民生疾苦的深刻洞察和无比同情，与诸子消解民瘼的重民情怀类似。可见，先秦子书的精神对《潜夫论》有着深刻的影响；反过来说，也正是因为《潜夫论》，子书精神才在汉代有了传承和发展。

就性质而言，王符虽说自己的这部著作主要阐发孔子之道，但从书中所阐述的基本观点与具体策略看，它已经超出了“五经”的范畴。汪继培在《潜夫论笺自序》中说得很有道理：

> 王氏精习经术，而达于当世之务。其言用人行政诸大端，皆按切时势，令今可行，不为卓绝诡激之论。其学折中孔子，而复涉猎于申、商刑名，韩子杂说未为醇儒。

这个分析是比较中肯的，说明王符的思想与言论具有两个重要特点：其一是能博采众家学说，特别是对儒、法两家学说，兼容并蓄，融会贯通，而成一家之言。其二是着眼于实际问题，论学则致力于经世济民，论政则力求切中时弊，从而避免了空疏浮泛的通病。王充《论衡》所标榜的“实事疾妄”，在王符的《潜夫论》中也有所体现。

现代价值

《潜夫论》体现了王符的思想主张，其中很多观点至今仍有借鉴意义。

第一，书中强调以学为先，劝人要有志于学。《潜夫论》以《赞学》为全书之首，这在体例安排上是有用意的。有学者指出：诸子多勉人以学。《尸子》《荀子》《大戴礼记》《贾子》皆有《劝学》篇,《抱朴子》有《勖学》,《颜氏家训》有《勉学》。此外,《论语》也是以《学而》为第一篇的。可以说，“劝学”是周秦以来诸子著述的一个重要命题，王符以《赞学》为首篇，既反映了他对先秦子书的继承，更说明他对“学”的无上推崇。《赞学》开篇就说：“虽有至圣，不生而知；虽有至材，不生而能。”意思是，即使是伟大的圣人，也不是生而知之的；即使是最有才能的人，也不是生而就能做的。接着，王符举了十一位贤人君子皆有老师的例子（如黄帝师风后，颛顼师老彭，帝喾师祝融，汤师伊尹），然后说道：“夫此十一君者，皆上圣也，犹待学问，其智乃博，其德乃硕，而况于凡人乎？”这十一位君子都是圣哲，尚且需要通过学习才能达到智慧广博、德行高尚，何况普通人呢？一个反问，强调了学习对于提高一个人道德修养的重要性。“工欲善其事，必先利其器；士欲宣其义，必先读其书。”古代的士人，无论是出来做官，还是隐居著书，要想宣扬道义，就必须研读经典著作。原因就在于“道成于学而藏于书，学进于振而废于穷”，道义隐藏在书本中，要靠不断地学习才能获得；学问因为发奋努力而有所长进，因懈怠松弛而被荒废。我们常说“活到老，学到老”，正是这个缘故。今天，我们强调建设学习型社会，就是要人们多读书，读好书，全面提升国民的素质，促进社会的和谐与稳定。

第二，书中体现了对“德治”和“法律”的重视。王符自称《潜夫论》这部书是继承儒家思想的，因而儒家“德治”的治国理念也被王符所继承。在王符看来，君子的立身之本，就是德义，他说“行善不多，申道不明，节志不立，德义不彰，君子耻焉”（《遏利》）。进而，他提出“德化”的主张，认为这是国家治理中最基本也最理想的方式：

明王统治，莫大身化，道德为本，仁义为佐。”（《叙录》）

又说：

人君之治，莫大于道，莫盛于德，莫美于教，莫神于化。道者所以持之也，德者所以苞之也，教者所以知之也，化者所以致之也。（《德化》）

道德教化各有其用，只有做好了德治，才能“化变民心”。对于“德政”和“恶政”，王符分析说：

德政加于民，则多涤畅姣好坚强考寿；恶政加于民，则多罢癃尪病夭昏札瘥。”（《德化》）

对民众广施德政，那么百姓就会心神畅达、容貌美好、健康长寿；对民众施以恶政，那么百姓就会衰老病弱、多病早夭。可见两者相差之大。

然而，面对汉末的衰世，王符深刻认识到德治不能离开法制，仅仅依靠道德教化是不够的，还必须“兼秉威德”“明罚敕法”，做到德法并举。前面说到，王符吸收了商、韩等法家思想，将其融入自己的思想体系中，而成一家之言。因此，王符的治国思想中，不仅有德，还有法，这无疑是一个巨大的飞跃。他说："议者必将以为刑杀当不用，而德化可独任。此非变通者之论也，非叔（应作"救"）世者之言也。"（《衰制》）意思是，议论政事的人，必将认为刑罚应该废弃不用，而只用道德感化即可实现天下大治。这不是懂得变通之理的人所说的话，也不是拯救时世者应有的言论。应该说，王符对先秦法家著作如《管子》《商君书》《韩非子》等体现出的思想做了充分吸收。有学者提出，王符在论证其政治主张的时候，毫不隐讳地从先秦法家人物那里汲取自己所需要的资料，有些提法明显是从法家著作化裁而来。比如《衰制》篇论证法令在治国中的作用，同《管子》书中的《明法》《法法》《任法》等篇都有十分清楚的思想联系。而在《务本》《衰制》《劝将》《明忠》诸篇中，也能明显地看到《商君书》中《君臣》《修权》《更法》《定分》等篇的有关论述。这个说法是很有见地的。王符的这一思想，对我们今天"以德治国"与"依法治国"相结合，不无启发。

第三，书中提出了"尚贤"、任人唯贤的主张。对于东汉末年社会中任人唯亲的现象——"以族举德""以位命贤”，王符给予了严厉的批判。《潜夫论》一再强调尚贤、任贤、举贤、知贤，并有《贤难》《思贤》等专篇来讨论选拔贤才的问题，王符指出：

> 乱国之官，非无贤人也，其君弗之能任，故遂于亡也。”（《思贤》）

动乱国家的官员中，不是没有贤才，而是君主不能任用他们，因此国家才走向了乱亡。这应该是王符的有感而发，也是为自己有才却不被任用而鸣不平。作为国家的统治者，任用贤才是一大要务，有贤才却不能用，国家当然不会被治理好。继而，他说道：

> 尊贤任能，信忠纳谏，所以为安也，而暗君恶之，以为不若奸佞阘茸谗谀之言者，此其将亡之征也。

尊重贤人、任用能人、信任重臣、积极纳谏，这是治国安邦之道，而昏庸的君主讨厌这些，认为不如奸佞庸碌之人阿谀奉承的话好听，这是国家将亡的征兆啊。

王符的这个结论，是很符合历史规律的，应该是他对历史做了总结之后得出的结论，很有借鉴意义。

那么，如何选才呢？王符认为应该从“德”“才”两方面加以考虑，“为官择人，必得其材，功加于民，德称其位”(《思贤》)，就是一定要根据才能，要有功于百姓，德行要与职位相称。王符特别反对当时以出身、贵贱论士的标准，他说：“贤愚在心，不在贵贱”(《本政》)，选士、考量人才，要看其志行，不可“舍实听声”，否则很可能所选非人。当然，对于人才也不可求全责备，而应“各以所宜，量材授任”(《实贡》)，就是弃其所短，用其所长，发挥人才的最大价值。由此看来，王符的选人用人观还是十分正确和精辟的。

第四，书中反映了“以民为本”的思想，这是王符对先秦“民本”思想的继承和发展。他提出了“国以民为基”，并进一步说：

> 是以圣王养民，爱之如子，忧之如家，危者安之，亡者存之，救其灾患，除其祸乱。”(《救边》)

圣王养育民众，爱护他们就如同爱护自己的孩子一样，担忧他们就如同担忧自己的家庭一样，扶助患难之人，保全将死之人，救济他们的灾难，除去他们的灾祸。这是统治者应有的治国理念，原因在于，先秦时期荀子说过：君者，舟也；庶人者，水也。水则载舟，水则覆舟。

此外，王符还由“天”立论，提出“民心”即“天心”的论断，说“天以民为心，民安乐则天心顺，民愁苦则天心逆”（《本政》），“天以民为心，民之所欲，天必从之”（《遏利》），因此，君主只有重民、爱民、利民、养民，关心民生疾苦，才能保其社稷、安其天下。

第五，书中还对尸位素餐、无所作为、贪污腐败的官吏给予了揭露和抨击。书中批评当时的官员说：

> 令长守相不思立功，贪残专恣，不奉法令，侵冤小民。州司不治，令远诣阙上书讼诉。尚书不以责三公，三公不以让州郡，州郡不以讨县邑，是以凶恶狡猾易相冤也。侍中、博士谏议之官，或处位历年，终无进贤嫉恶拾遗补阙之语，而贬黜之忧。（《考绩》）

说的是，县令、县长、郡守、国相不想着为国家建功立业，而是贪婪、残暴、专横、放纵，他们不奉行法律条令，侵害、冤枉弱小的民众。州内官员不治理所在的地方，而是让百姓远到朝廷那里去诉讼。尚书不因此责备三公大臣，三公大臣也不因此谴责州郡的长官，州郡的长官更不因此声讨县邑的长官，所以凶恶狡猾的人容易冤枉别人。侍中、博士这些负责纳谏的官员，有的在位多年，却始终没有举荐贤才、指斥恶人、弥补君过、补充缺失，而只担心自己被贬官或罢免。可以说，这种官官相护、因袭守旧的官场风气，正是东汉末期朝廷政治的反映，王符看在眼里，且用笔墨对这些人进行了讨伐，从而反映出他刚直的品格及正确的价值观。这也成为后人赞赏王符的主要原因之一。

经典诵读：《潜夫论》选读

国之所以存者治也，其所以亡者乱也。人君莫不好治而恶乱，乐存而畏亡。然尝观上记，近古以来，亡代有三，秽国不数，夫何故哉？察其败，皆由君常好其所乱，而恶其所治；憎其所以存，而爱其所以亡。是故虽相去百世，县年一纪，限隔九州，殊俗千里，然其亡征败迹，若重规袭矩，稽节合符。故曰：虽有尧、舜之美，必考于《周颂》；虽有桀、纣之恶，必讥于《版》《荡》。殷鉴不远，在夏后之世。(《思贤》)

国家之所以能够久存是因为安定，之所以灭亡是因为动乱。君主没有不喜好安定而厌恶动乱的，没有不喜欢久存而害怕亡国的。然而试看古书所记，近古以来，灭亡的朝代有夏、商、周三代，灭亡的国家更是无数，这是什么原因呢？考察它们的败亡，都是因为君主常常喜好那些造成动乱的举措，而厌恶那些安定的举措；憎恶那些使国家长治久安的措施，而爱好那些使国家败亡的措施。所以亡国之间虽然相去百代，悬距千年，地隔九州，风俗殊异，但败亡的征兆和迹象，却像规矩重复、符节契合一样毫无差异。所以说：尽管有尧、舜的美德，也一定要考察《周颂》(周王朝祭祀先祖和神明的乐歌，内容多为歌颂周先公先王)之乐；尽管知道桀、纣的恶行，也一定要察看《版》《荡》之诗(《版》为《诗经·大雅》中的一篇，今本《诗经》作“板”，旨在斥责暴君周厉王。《荡》也为《诗经·大雅》中的一篇，旨在哀伤周王朝的衰败）。夏王朝的败亡，正是殷商还不曾远去的一面镜子。

夫化变民心也，犹政变民体也。德政加于民，则多涤畅姣好坚强考寿；恶政加于民，则多罢癃尪病夭昏札瘥。故《尚书》美“考终命”，而恶“凶短折”。国有伤明之政，则民多病目；有伤聪之政，则民多病耳；有伤贤之政，则贤多横夭。夫形体骨干为坚强也，然犹随政变易，又况乎心气精微不可养哉？《诗》云：“敦彼行苇，羊牛勿践履。方苞方体，惟叶柅柅。”又曰：“鸢飞厉天，鱼跃于渊。恺悌君子，胡不作人？”公刘厚德，恩及草木，羊牛六畜，且犹感德，仁不忍践履生草，则又况于民萌而有不化者乎？君子修其乐易之德，上及飞鸟，下及渊鱼，无不欢忻悦豫，则又况于士庶而有不仁者乎？（《德化》）

教化可以改变民众的心性，犹如政事可以改变他们的身体一样。对民众广施德政，那么大多数百姓都会心性畅达，容貌美好，且健康长寿；对民众施以恶政，那么大多数百姓都会衰老病弱，多病早夭。所以《尚书》

赞美“长寿”，厌恶“早夭”。国家有伤害视力的政策，那么百姓多会患有眼病；国家有伤害听力的政策，那么百姓多会患有耳病；国家有妨害贤才的政策，那么贤才多会意外早夭。人的形体骨骼坚实强劲，尚且会随着政治的善恶而改变，更何况心灵之气精妙幽微难以保养呢？《诗经》中说：“那道旁茂盛的芦苇，牛羊们请不要践踏毁伤。芦苇正要发苞吐芽，绿绿的叶子嫩密可喜。”又说：“鹞鹰飞到高天之上，游鱼跃入深渊之中，和顺平易的君子啊，怎能不培育新的人才呢？”公刘仁德深厚，恩惠施及草木，牛羊六畜感其恩德，而心怀仁恩不忍践踏草木，更何况百姓，难道还有无法教化的吗？君子修养其和乐平易的德行，上到天上的飞鸟，下到水中的游鱼，无不欢欣喜悦，又何况士人民众，还有不仁德的吗？

十七 《新书》：西汉贾谊的政论经典

贾谊（前 200—前 168）是西汉初期著名的思想家、政论家和文学家，其生命虽然短暂，但一生勤于笔耕，留下了大量的文章。贾谊所写的文章就体裁而言，大致可以分为专题论文、辞赋、奏疏等，其中专题论文及奏疏被后人结集成书，就是《新书》。书中所体现的思想和主张颇受后人重视，在今天不无借鉴意义。

贾谊行历

唐代诗人李商隐有一首著名的绝句："宣室求贤访逐臣，贾生才调更无伦。可怜夜半虚前席，不问苍生问鬼神。"这首诗中的"贾生"，就是贾谊。

贾谊，洛阳（今河南洛阳）人，生于汉高帝七年（前 200），卒于汉文帝十二年（前 168）。贾谊的一生虽然短暂，但成就却不小。他做官期间，为西汉王朝的长治久安，提出了许多方案，具有远见卓识。在思想方面，他继承了先秦诸子，并加以发展，完成了向汉代中期董仲舒"新儒学"的过渡。在文学方面，他的散文对后代散文的发展有着很大影响；他的骚体赋，开汉代散文赋的先河。李商隐诗中所说的"贾生才调"，即兼有政治与文学两方面的含义。

贾谊生活的时代，社会生产逐渐恢复，人民生活比较安定，封建统治秩序渐行巩固。贾谊十八岁时便以能诵《诗》《书》、善写文章而闻名郡中。当时的河南守吴公对他非常赏识，因而罗致门下。吴公是李斯的同乡兼学生，而李斯是法家的代表人物，由此可见，贾谊不光吸收了儒家学说，而且对法家学说也有一定的认识。二十一岁时，贾谊又跟从荀况的学生张苍学习《左传》，这不仅使他更加熟悉儒家的政治学说，而且了解了前代的治乱兴亡，对于历史感和历史眼光的培养有着重要作用。二十二岁时，贾谊就已“颇通诸家之书”，达到了融会贯通。

命运没有辜负贾谊的才能和努力。在文帝荐举贤良方正的政策下，贾谊经吴公推荐，被文帝召为博士，博士是备皇帝顾问的官员。这是贾谊登上汉初政治舞台之始，在博士当中，他年纪最轻，但才学却是最高的。许多人不能回答的问题，他都能代为应对。

汉文帝也很赏识他的才能，一年内就破格提升他为太中大夫，秩比千石，相当于高级顾问。受到重用的贾谊，踌躇满志，他渴望像历史上那些著名的辅臣那样，协助文帝完成不朽的功业。于是他提出了许多改革制度、更定法令的建议，史书记载："谊以为汉兴二十余年，天下和洽，宜当改正朔，易服色制度，定官名，兴礼乐。乃草具其仪法，色上黄，数用五，为官名悉更，奏之。"除了政治方面，贾谊还总结秦朝灭亡的教训，为巩固汉朝的统治献计献策，这就是著名的《过秦论》。

贾谊的观点是较为深刻和有远见的。一个二十多岁的青年，能够提出如此成熟的政治见解，不能不令人佩服，贾谊的才华和能力，于此可见一斑。

文帝见贾谊如此年轻有为，就想把他提到公卿的位置上来，然而却遭到了绛侯周勃、丞相灌婴、东阳侯张相如、御史大夫冯敬等人的妒忌、排斥与诽谤，说他"年少初学，专欲擅权，纷乱诸事"。文帝因此开始疏远贾谊，不再采用他的意见，最终下令让他离开朝廷，出任长沙王太傅。从秩禄上说，由太中大夫的比千石到长沙王太傅的二千石，是升官，但实际上是明升暗降。离开了朝廷，贾谊随时向皇帝进言的机会就没有了。朝廷的决定令贾谊无比忧伤，他在过湘水时，作《吊屈原赋》以自喻；任太傅时，又作《鸟赋》以自广。

即使这样，朝廷问题还时时牵动着贾谊的心。汉文帝五年（前 175），朝廷下诏除盗铸钱令，使民得自铸钱。贾谊立即上书指出，百姓自己铸钱，肯定要牟利，甚至会触犯刑律，这实际是设陷阱让百姓跳。贾谊认为，国家应该统一掌管铜的开采，由朝廷控制货币，这样不仅经济能够稳定，而且人们也不会触犯刑律。应该说，贾谊的见解还是很有见地的。

当然，文帝没有忘记贾谊的才华。文帝七年（前 173），贾谊在未央宫被召见。文帝兴致勃勃，两人谈到深夜，文帝不知不觉将席位朝贾谊越移越近，这就是著名的“前席”故事的由来。然而，文帝所询问的问题却不是关于“苍生”的，而是关于“鬼神”的。李商隐诗中说“可怜夜半虚前席，不问苍生问鬼神”，指的就是这件事，诗中批评之意是很明显的。

今天来分析，文帝用贾谊，是因为重其才；而不重用，固然有朝廷保守势力排挤的因素，更与文帝实行“无为而治”的治国思想有关。然而，随着汉政权的逐步巩固，新的矛盾和危机开始出现：同姓王势力不断扩大，凌驾于朝廷之上，潜伏着割据分裂的危机；“和亲”不能从根本上消除匈奴的侵扰；“无为而治”在某种程度上已不再适应经济、政治发展的需要。贾谊看出了这些矛盾和危机，大声疾呼要变“无为”为“有为”，因此与文帝产生分歧而不被重用。

这次召见后，贾谊仍没有被留在朝廷，而是做了梁怀王的太傅。梁怀王是文帝宠爱的小儿子，地位比长沙王要高得多，国都离长安也不远。比起长沙来，贾谊的处境大为改善了。

在任梁怀王太傅期间，贾谊针对当时“匈奴强，侵边；天下初定，制度疏阔；诸侯王僭儗，地过古制”的形势，“数上疏陈政事，多所欲匡建”。今传《陈政事疏》（或称《治安策》）的大部分，就是这个时期写成的。毛泽东称其为“西汉一代最好的政论”，习近平总书记在纪念五四运动一百周年大会上的讲话中也说：“贾谊写出‘西汉一代最好的政论’时不到三十岁。”

然而，不幸的事情发生了。前169年，梁怀王不幸坠马而死。《史记》《汉书》本传说贾谊哀伤自己做太傅不称职，经常哭泣，一年后亦死，时年三十三岁。汉初政坛和文坛上的一颗新星，就这样陨落了。

贾谊的一生虽然短暂，却给我们留下不少作品，今传《新书》十卷，是后人据他的政论、疏文等整理而成的。刘歆说：“在汉朝之儒，唯贾生而已。”刘向说：

"贾谊言三代与秦治乱之意，其论甚美，通达国体，虽古之伊、管未能远过也。使时见用，功化必盛。"鲁迅说贾谊的作品"与晁错之《贤良对策》《言兵事疏》《守边劝农疏》皆为西汉鸿文，沾溉后人，其泽甚远"。这些都是对贾谊的客观评价。

为什么叫"新书"

一般认为，《新书》是由刘向、刘歆父子整理结集而成的。那么，这部书为什么叫"新书"呢，难道还有"旧书"吗？

清末学者孙诒让认为：

> 《新书》者，盖刘向奏书时所题。凡未校者为故书，已校定可缮写者为新书。杨倞注《荀子》，未载旧本目录，刘向《叙录》前题"《荀卿新书》十二卷三十二篇"，殷敬顺《列子释文》亦载旧题云"《列子新书目录》"。又引刘向上《管子》奏称"《管子新书目录》"，足证诸子古本旧题大氐如是。若然，此书隋、唐本当题《贾子新书》。盖"新书"

> 本非贾书之专名，宋、元以后，诸子旧题删易殆尽，惟《贾子》尚存此二字，读者不审，遂以“新书”专属之《贾子》，校椠者又去“贾子”而但称“新书”，展转讹省，忘其本始，殆不可为典要。

孙氏之言是有道理的。刘向父子校理诸子之书后，常以“新书”称之，以区别于未校之故书。如此，则刘向父子在校理贾谊之书后，实命名为《贾谊新书》或《贾子新书》。

我们知道，东汉班固撰《汉书》时，在刘歆《七略》的基础上撰成《艺文志》，著录图书中有贾谊《新书》，录之为“《贾谊》五十八篇”。可见，班固略去了“新书”二字。按说班固与刘歆所处年代相距不远，且其《艺文志》又是在刘歆《七略》的基础上撰成，那么，刘向父子所命名的《贾谊新书》或《贾子新书》，班固应该遵循才是。出现这种情况有两个原因：要么刘向父子当初辑《新书》后即著录为《贾谊》，要么班固编《艺文志》时对刘歆的《七略》进行了改编。在回答此问题之前，我们不妨先就《七略·诸子略》与《汉书·艺文志》的著录情况进行简单的分析。刘歆撰《七略》，于书目后常列叙录，内容包括书目篇名、校勘情况、作者生平、书名含义及刘歆的评论等。而班固编撰的《艺文志》只著录书目篇名及篇数，而略去其他。可见，《艺文志》是在继承《七略》的基础上删繁就简而成。此外，《艺文志》在书目名称方面也有改动。如《荀子》一书，《艺文志》著录为"《孙卿子》三十三篇"，清代学者姚振宗所辑《诸子略佚文》著录为"《孙卿新书》十二卷三十二篇"。据此分析，上面的问题也就迎刃而解了。当初刘歆撰《诸子略》著录贾谊之书实为《贾谊新书》。而后来班固撰《艺文志》时对书名进行了改动，便有了《贾谊》之名。

当然，《新书》之命名也一直存在着变化，如：《汉书·艺文志》著录"《贾谊》五十八篇"，《隋书·经籍志》著录"《贾子》十卷"，《旧唐书·经籍志》著录"《贾子》十卷"，《新唐书·艺文志》著录"《新书》十卷"，《崇文总目》著录"《贾子》十九卷"，南宋《中兴馆阁书目》和晁公武《郡斋读书志》云"《新书》十卷"。

综合上述观点及史志的记载，我们得出的结论是：西汉刘向父子整理贾谊作品时，命名为《贾谊新书》，后来班固简称为《贾谊》。隋唐时期，才出现以《新书》作为贾谊作品集之专名。此后便约定俗成，一直沿用至今。

社会政治、经济与思想教化三大内容

《新书》共十卷、五十八篇，《问孝》《礼容语上》两篇亡佚，今存五十六篇。卷一至卷四（《过秦上》至《铸钱》）为“事势”类的政论文，是向文帝陈政事。这部分也是贾谊文章中的精华，其政治才能和文学水平，多是通过这些政论文体现出来的。卷五至卷八（《傅职》至《道德说》）为“连语”类。卷九（《大政上》至《修政语下》）四篇不标目（《玉海》标“杂事”）。卷十（《礼容语上》至《立后义》）为“杂事”类。一般认为，“连语”“杂事”两类或为贾谊任太傅时所用的教材和笔记，或释经传古义，或草创仪法，与陈政事的政论文有很大不同。

关于“事势”类的政论文，又可以分为四类：第一类是关于历史问题的，有《过秦》三篇；第二类是关于诸侯问题的，有《宗首》《藩伤》《藩强》《大都》《等齐》

《益壤》《权重》《五美》《制不定》《壹通》《属远》《亲属危乱》《淮难》等十三篇；第三类是关于匈奴问题的，有《解县》《威不信》《匈奴》《势卑》等四篇；第四类是关于经济问题的，有《无蓄》《铜布》《忧民》《铸钱》等四篇。这些政论文，涉及西汉前期各种重大问题，体现了贾谊对国家前途的忧虑和对潜在危机的清醒认识，显示了其敏锐的洞察力。贾谊的见解，不仅对于汉初的历史，而且对于中国历史的发展都有重要的影响。

具体来说，《新书》中丰富的思想内涵主要体现在社会政治、经济及思想教化三方面。

（一）社会政治方面

1. “削藩”以巩固封建政权

鉴于汉朝初年诸侯王反叛迭起，严重威胁到中央政权的现实，贾谊在《数宁》中做了深刻的描述：“臣窃惟事势，可为痛惜者一，可为流涕者二，可为长大息者六。若其它倍理而伤道者，难遍以疏举”。强调现在国家的形势就如“抱火措之积薪之下而寝其上”，并进一步疾呼如果任由这种形势发展下去，国家必会危急。针对这种形势，他在《五美》和《藩强》中分别提出“割地定制”和“众建诸侯而少其力”的主张。应该说，贾谊的削藩思想是符合当时社会需要的，体现了由郡国并行制到单一郡县制过渡的色彩。贾谊的这一主张由于当时权贵的百般阻挠而无法实施，但在他死后，晁错的“削藩策”、主父偃的“推恩令”都是对这一主张的继承和发展，对解决诸侯王国问题起到了极大作用。

2. 安定边境

除了中央政府与地方诸侯王之间的矛盾外，汉初社会还有另一个突出的矛盾，即汉朝与匈奴之间的矛盾。汉初，匈奴多次侵扰边地，而汉朝多采取“和亲”和“献帛”的绥靖政策。对于这种做法，贾谊极为反对，他在《匈奴》《势卑》《铸钱》《铜布》等篇中，提出了一些解决匈奴问题的主张和建议。“三表五饵”集中体现了他的“抚边”策略。“三表”是向匈奴宣传汉朝的信、爱等伦理道德观念，在匈奴中树立汉天子的权威。“五饵”是运用盛服、丰食、声色、美室和礼遇等五种优裕的生活条件引诱匈奴归附，这是一种循序渐进的攻心策略。在贾谊看来，只有妥善解决了匈奴问题，才能使汉朝彻底摆脱“数十万之众，积于北方，天下安得食而馈之”

的困境。

应该说，贾谊在处理民族问题上以“抚”为主，同时配合以军事行动的策略，体现了政策上的灵活性，是贾谊在民族政策上的探索，对汉朝安定边境有着积极意义。

3. 民本思想

《大政》上下两篇比较集中地反映了贾谊的民本思想。其中说：

> 闻之于政也，民无不为本也。……故国以民为安危，君以民为威侮，吏以民为贵贱。此之谓民无不为本也。

这是贾谊民本思想的一个重要命题。具体而言，贾谊的民本思想主要体现在三个方面：一是百姓是物质生产的主体，离开了人民的劳动生产，上自君主、官吏，下至工商业者都会失去生活来源。二是人多力量大，这种力量，对巩固政权、保卫国家的安全有着积极作用。三是百姓是立国的基础。因此，贾谊提出“为人君者敬士爱民，以终其身，此道之要也”，强调为君之道重在敬士爱民。

（二）经济方面

1. 以农为本

贾谊具有强烈的农本思想。他认为，要做到蓄积足，财有余，首先必须发展农业生产。“一夫不耕，或受之饥；一女不织，或受之寒。”因此，必须“驱民归之农，皆著于本”，从而达到“为富安天下”的目的。

此外，贾谊还提出国家要以法令保障人们对土地和财物的所有权。对不利于农业的活动要予以限制，其中包括禁止声色娱乐、自由迁移等。

2. 制定货币政策，稳定国家经济秩序

贾谊主张应由朝廷来控制市场，抑制富商大贾，平衡物价，调剂有无。为了制止“钱文大乱”，稳定市场，调剂供求，贾谊提出了“法钱”的概念，即合乎政府规定标准（包括形式、币材、重量等）的铸币，这是符合当时经济发展要求的思想。贾谊在货币问题上的各种建议，虽然当时未被汉文帝采纳，但为后来汉武帝统一铸钱作了准备，对我国货币思想的发展有着深远影响。

（三）思想教化方面

贾谊一生先后任长沙王和梁怀王的太傅，这样的经历必然使他在思想教化方面积累了丰富的经验，主要体现在《胎教》《傅职》《辅佐》等篇中。贾谊非常重视教育对人的作用，“习与正人居之，不能毋正，犹生长于齐不能不齐言也；习与不正人居之，不能毋不正，犹生长于楚之地不能不楚言也”。他还强调及早教育的重要性，主张实行“胎教”。《胎教》篇记叙了古代胎教之礼，并举古代许多君主用贤与否导致国家兴亡的例子，说明辅佐君主的贤臣的重要性。《傅职》篇里，陈述了有关“傅”的各项要求和方法。《辅佐》篇陈述了各辅佐的职责。《劝学》篇强调后天努力学习的重要性。

从贾谊的教育思想中可以看出，他已认识到环境对人的影响、教育对人的改造作用，以及早期教育的重要性。各篇所述，虽然主要针对皇帝和诸侯王之子，但他的基本教育思想，也适用于一般人。

重仁义的治国为政理念

《新书》提出了许多治国为政的理念，它们都是从借鉴历史特别是秦朝灭亡的教训中得出的，其目的是“前车覆而后车戒”。因此，《新书》中有着强烈的史鉴思想。

《新书》中的《过秦下》说：

> 君子为国，观之上古，验之当世，参之人事，察盛衰之理，审权势之宜，去就有序，变化因时。

可以说这是贾谊总结历史教训而得出的政治主导思想。

鉴于秦朝速亡的教训，又洞察现实社会的矛盾，贾谊构造了一个理想的治国框架，即以仁义为经，以礼节为纬，以法为辅，建立一个天地与人世万物和谐统一的国家，其特征是诸侯附亲轨道，致忠而信上；兵革不动，民长保首领；匈奴四荒，乡风慕义，乐为臣子；天下富足，资财有余，民素朴顺而乐从令；官事甚约，狱讼盗贼鲜有；天下顺治，海内之气清和咸理，万生遂茂。概括而言，这个治国框架就是要“建久安之势，成长治之业”。如何做到呢？贾谊提出必须以“仁义”作为根本进行治理。这种思想，是在分析总结秦王朝兴衰盛亡的基础上得出的。

贾谊认为秦朝之速亡是由于“仁义不施”的结果。他写道：“秦王怀贪鄙之心，行自奋之智，不信功臣，不亲士民，废王道而立私爱，焚文书而酷刑法，先诈力而后仁义，以暴虐为天下始。……孤独而有之，故其亡可立而待也。”不仅秦王不行仁义，二世也是如此。二世“重以无道，坏宗庙与民更始作阿房之宫；繁刑严诛，吏治刻深；赏罚不当，赋敛无度。天下多事，吏不能纪；百姓困穷，而主不收恤”，因此亡国是必然的。

在《过秦下》中，贾谊在文章的最后引用谚语“前事之不忘，后之师也”，目的就是提醒后人要以史为鉴，要从历史中总结成败得失，避免重蹈覆辙。应该说，这一思想在今天仍具有很大价值。

经典诵读：《新书》选读

善不可谓小而无益，不善不可谓小而无伤。非以小善为一足以利天下，小不善为一足以乱国家也。当夫轻始而傲微，则其流必至于大乱也，是故子民者谨焉。彼人也，登高则望，临深则窥，人之性非窥且望也，势使然也。夫事有逐奸，势有召祸。老聃曰："为之于未有，治之于未化。"管仲曰："备患于未形，上也。语曰：'焰焰弗灭，炎炎奈何；萌芽不伐，且折斧柯。'智禁于微，次也。"事之适乱，如地形之惑人也，机渐而往，俄而东西易面，人不自知也。故墨子见衢路而哭之，悲一跬而缪千里也。(《审微》)

好的事情不能认为小就没有益处，坏的事情不能认为小就没有害处。并不是做一件小的好事足以对天下有利，做一件小的坏事足以扰乱国家。轻视事情的开始，忽视微小的方面，这样发展下去必定会大乱，所以统治者对小事都很慎重。人们登上高处一定会远望，面临深渊一定会小心注视，并不是人生性要注视和远望，而是形势使然。事情会形成奸邪，形势会引发灾祸。老子说："在事情没有发生之前就加以防范，在没有变乱之前就加以治理。"管子说："在祸患没有形成之前加以防备是上策。俗语说：'火焰刚刚烧起时不扑灭，熊熊燃烧时还能怎么办？萌芽的时候不砍伐，将来砍伐会折断斧柄。’用智谋把祸患消灭在萌芽状态，是次一等的策略。”事情朝坏乱的方向发展，如同地形迷惑人一样。逐渐前往，忽而东忽而西改变了方向，人们却未察觉。因此墨子遇到四通八达的道路就会哭，悲伤的是走错一步就会失之千里。

或称《春秋》，而为之耸善而抑恶，以革劝其心。教之《礼》，使知上下之则。或为之称《诗》，而广道显德，以驯明其志。教之《乐》，以疏其秽，而填其浮气。教之语，使明于上世，而知先王之务明德于民也。教之故志，使知废兴者而戒惧焉。教之任术，使能纪万官之职任，而知治化之仪。教之训典，使知族类疏戚，而隐比驯焉。此所谓学太子以圣人之德者也。

或明惠施以道之忠，明长复以道之信，明度量以道之义，明等级以道之礼，明恭俭以道之孝，明敬戒以道之事，明慈爱以道之仁，明僴雅以道之文，明除害以道之武，明精直以道之罚，明正德以道之赏，明斋肃以道之敬。此所谓教太子也。(《傅职》)

有人讲述《春秋》，教人抑恶扬善，来劝导他的思想。教他《礼经》，使他懂得上下尊卑的原则。有人讲述《诗经》，从而彰显道德，培养正确的志向。教他《乐经》，从而疏通污秽，压制轻浮之气。教他先王语录，使他知道古代的事情，了解先王努力向民众显示德行。教他古代史志，使他知道兴废的原因而心生警戒恐惧。教他治理的方法，使他能掌握各类官员的职能，从而知道治理教化的规则。教他古代典章制度，使他知道宗族的类别和关系的亲疏，从而懂得亲近顺从。这就是所说的用圣人的德行教太子的方法。

有人阐明施予恩惠的道理引导他做到忠，阐明时间久长不忘记诺言引导他做到信，阐明度量制度引导他做到义，阐明等级制度引导他做到礼，阐明恭敬俭朴引导他做到孝，阐明敬重和警戒引导他如何做事，阐明慈善友爱引导他做到仁，阐明思想言语的雅正引导他做到文，阐明除害的道理引导他做到武，阐明周密正直引导他如何实施刑罚，阐明公正和恩德引导他如何实行奖赏，阐明斋戒严肃的道理引导他做到敬。这就是所说的教太子的方法。

十八 《抱朴子外篇》：葛洪的政治及处世观

魏晋南北朝时期是一个分裂割据的时代，政权更迭频繁，但思想界却并不显得暗淡，出现了许多思想家和哲学家，葛洪就是其中的一位。他的代表作《抱朴子内篇》和《抱朴子外篇》，无论在中国道家思想史还是中国儒家思想史上，都产生了巨大的影响。

葛洪治学经历及其著述

葛洪，字稚川，丹阳句容（今江苏句容）人，一般认为他生于西晋武帝太康四年（283），卒于东晋哀帝兴宁元年（363），终年八十一岁。

葛洪的远祖葛浦庐，曾经辅佐汉光武帝刘秀建立东汉王朝，官至骠骑大将军，封下邳僮县侯，食邑五千户。后来，葛浦庐把爵位让给了弟弟葛文，自己率全家迁居到江南的句容，定居下来。葛洪的祖父葛系，在三国时期的吴国担任吏部侍郎、御史中丞、大鸿胪等要职。葛洪的父亲葛悌，先在吴国任五官郎中、会稽太守等职；入晋后，又任肥乡令、邵陵太守等职。由此看来，葛洪出身于上层士族家庭。

葛洪是葛悌的第三子。不幸的是，葛洪十三岁时，其父去世，家道中落，年幼的葛洪不得不亲自操持农活，于耕种之暇发奋苦读。他在《自叙》中回忆了这段艰难的生活，大意为："十三岁的时候，父亲去世了，因此我过早地失去了父亲的教诲。当时的我，饥寒交迫，困苦不堪，自己还要亲自去耕地收割，晚上披星戴月踏着野草，辛勤地在田地里劳作。再加上连续遭到战乱之苦，先人留下的典籍荡然无存。在农耕的空闲时间里也无书可读。于是，我只好背着书箱步行到别人家中借阅，然而，在一处人家里，最终也很难借到所有书籍。后来，我自己就花费更多的时间去砍柴，然后卖掉，从而买来纸笔，供自己使用。白天就到田地里去劳作，晚上就点燃柴火照明，写字读书。就是因为这个缘故，我没办法早一些涉猎各种典籍。因为经常缺乏纸张，所以每次写字的时候，纸张的正反两面都写满了，很少有人能够阅读。"

这是一幅多么令人感动的辛勤劳作和励志读书的画面啊。葛洪虽然出身于上层世家，却在极为艰苦的条件下开始他的学术生涯。

十六岁时，葛洪开始学习《孝经》《论语》《诗经》《周易》等儒家经典，并旁涉诸史、百家之言。他还对道家的养生修仙之法情有独钟，他说："余少好方术，负步请问，不惮险远。每有异闻，则以为喜。虽见毁笑，不以为戚。"(《抱朴子内篇 · 金丹》)

葛洪逐渐以儒学知名。晋惠帝太安二年（303），他应吴兴太守顾秘之邀，以将兵都尉的身份参加了镇压石冰起义的行动，因功被授予伏波将军。但葛洪"不论功赏，径至洛阳，欲搜求异书以广其学"(《晋书 · 葛洪传》)。可见，对于葛洪来说，做官并非他的人生志向，读书做学问才是其一生追求。

东晋元帝司马睿为丞相时，召葛洪为掾。后葛洪又任州主簿、司徒、咨议参军等职。

到了晚年，葛洪得知交趾出丹砂，乃请求为句漏县令。到了广州，被刺史邓岳挽留。葛洪乃到罗浮山炼丹、著书，最终卒逝于此。

葛洪一生治学，可谓是晋代之冠伦大才、奇才，其知识之渊博、著述之宏富、见解之精深，在晋代作家中是出类拔萃的。《晋书 · 葛洪传》说：

（葛）洪博闻深洽，江左绝伦。著述篇章，富于班（固）、马（司马迁）。又精辩玄赜，析理入微。

应该说，这个评价大体上是公允的。

葛洪的著作有很多，但大部分已经散佚了，幸而最能体现其思想的《抱朴子内篇》和《抱朴子外篇》留存了下来。

说到这里，我们不禁要问《抱朴子内篇》《抱朴子外篇》中的“抱朴子”，作何解释呢？原来，“抱朴子”是葛洪的号。关于他自号“抱朴子”的原因，葛洪本人有一个解释：

> 洪期于守常，不随世变，言则率实，杜绝嘲戏，不得其人，终日默然。故邦人咸称之为“抱朴之士”，是以洪著书，因以自号焉。(《抱朴子外篇·自叙》)

细究起来，“抱朴”一词见于《道德经》第十九章：“见素抱朴，少私寡欲。”意思是行为单纯、内心淳朴。正是因为葛洪具备了道家所提倡的淳朴、自然的品格，所以被乡人称为“抱朴之士”。于是他就以此为号，并把这一名号用在了自己的书名中。

对于《抱朴子内篇》和《抱朴子外篇》，葛洪自己也做过一个说明：

> 凡著《内篇》二十卷，《外篇》五十卷。……其《内篇》言神仙、方药、鬼怪、变化、养生、延年、禳邪、却祸之事，属道家；其《外篇》言人间得失，世事臧否，属儒家。（《抱朴子外篇·自叙》）

也就是说，《抱朴子内篇》主要讲养生成仙，《抱朴子外篇》主要讲治国安民。这两部书的内容集中反映了作者以道教养生为主，以儒学治世为辅，内外并举、儒道兼修、仕隐变通的人生追求。

今天我们看《抱朴子外篇》，可以知道这部书主要阐述了葛洪的社会政治、为人处世等思想主张。虽然葛洪自认为它“属儒家”，但实际上其中的思想比较驳杂，以儒家为主，兼采了道家、法家，甚至还涉及少量的墨家思想，以至于《隋书·经籍志》《新唐书·艺文志》都将其归于“杂家”。

治国与处世

《抱朴子外篇》主要阐述了葛洪的社会政治、人生处世等思想主张。

第一，肯定社会进步的意义，反对厚古薄今的历史观。

葛洪在《尚博》中批判了“今世所为，多不及古；文章著述，又亦如之”贵古贱今的观点。他认为，今人不亚于古人，今文也不亚于古文，并对“今山不及古山之高，今海不及古海之广，今日不及古日之热，今月不及古月之朗”这种荒谬可笑的说法，给予了抵制和批评。

在反对厚古薄今的同时，葛洪肯定社会是不断发展的，因此主张社会变革。《省烦》中说：

> 夫三王不相沿乐，五帝不相袭礼，而其移风易俗，安上治民，一也。或革或因，损益怀善，何必当乘船以登山，策马以涉川，被甲以升庙堂，重裘以当隆暑乎！

意思是，夏、商、周三代帝王不沿用前代的乐制，上古的五位帝王也不因袭前代的礼制，然而他们改变了习俗风气，并使社会安宁、百姓安定，这是一样的。对礼仪制度，或改革或沿袭，或减少或增加，或删除或改善，何必一定要坐着船去登山，鞭打着马去渡河，身披着铠甲上朝堂，正值酷暑而穿着几层皮衣呢！因时制宜，适时而变，葛洪的这种社会发展观是正确的，在这一思想下，他提出要对过去的制度进行重新审查，合适者保留，不合适者加以裁汰或革新。

第二，提出了德刑并重的治国原则。

恩威并施，德刑并用，是中国古代君主治理国家的原则。葛洪继承了这一思想，提出了“刑为仁佐”（《用刑》）的治国原则。在《君道》中，他还指出君主对待百姓应该“莅之以慈和，齐之以礼刑”。在《用刑》中，葛洪则说：

> 莫不贵仁，而无能纯仁以致治也；莫不贱刑，而无能废刑以整民也。

意思是，没有人不重视仁慈，但也没有人能够完全使用仁慈而使国家安定；没有人不轻视刑罚，但也没有人能够不使用刑罚就把百姓治理好的。他还列举了大量史实，说明即使在上古理想的社会里，刑罚也是必不可少的辅政手段。他说，尧舜的仁慈就像上天一样，然而却不能原谅四个罪人。周公与兄弟的关系友善，然而也不能赦免管叔和蔡叔。孔子诛杀少正卯，汉武帝诛杀自己的外甥，虽然伤心得流下眼泪，可又要维护法律，这是不得已而为之啊。此举是杀一人以挽救万人，损害了少数人的利益但成全了多数人的利益。葛洪的这种重视仁政又强调刑罚的主张，对今日依法治国与以德治国相结合，不无借鉴。但是，葛洪又主张重刑，甚至提出恢复肉刑，这种做法则太过极端了。

第三，强调用人的重要性。

中国自古就十分重视用人问题。葛洪同样认为用人是君主的要务之一，他用了《务正》《贵贤》《任能》《审举》《擢才》等多篇来阐述这一问题。本文将在后面详述。

第四，重视学习和教育。

《抱朴子外篇》专有《勖学》和《崇教》两篇，它们堪称姊妹篇，前者从个人的角度强调了教育、学习的重要性，后者则侧重于从国家政治角度来阐述教育的不可或缺。

葛洪认为，学习能够使人提高品德，增加知识，最终成为一个文质彬彬的君子。就个人来说，努力学习的结果是“进可以为国，退可以保己”，可以说是进退自如。葛洪还指出，良好的天赋不能代替后天的学习，即便是圣人，其品德修养也是通过学习获得的，正所谓“周公上圣，而日读百篇。仲尼天纵，而韦编三绝。墨翟大贤，载文盈车”(《勖学》)。这种观点，能够促人上进，有利于个人素质的提高和社会风气的改善。

对于一些具体的学习方法，葛洪也进行了阐述。比如学习要趁早，因为“少则志一而难忘，长则神放而易失，故修学务早，及其精专，习与性成，不异自然也”(《勖学》)。又如，学习必须抓紧时间，不可荒废光阴，更要持之以恒，日积月累，正所谓“不饱食以终日，不弃功于寸阴”(《勖学》)。

对国家而言，学习风气的好坏，直接关系着国家的兴衰。“若使素士则昼躬耕以糊口，夜薪火以修业；在位则以酣宴之余暇，时游观于劝诫”(《崇教》)，那么社会上就会多一些贤人，而少一些不良之人。这对于国家的长治久安是有百利而无一害的。作者还举古代的圣贤为例："先哲居高，不敢忘危，爱子欲教之义方，雕琢切磋，弗纳于邪伪。"（《崇教》）先哲爱护子女的方法就是对他们加强教育。另外，只有那些道德高尚、知识渊博、性格刚直的人，才有资格当老师。

第五，提倡平和的心态和简朴的生活。

在《酒诫》一篇中，葛洪一开始就指出了多欲的害处及戒欲的必要性：

> 目之所好，不可从也；耳之所乐，不可顺也；鼻之所喜，不可任也；口之所嗜，不可随也；心之所欲，不可恣也。

为什么呢？因为那些能够迷惑眼睛的，必定具有超众的美貌与鲜艳的花纹；能够迷惑耳朵的，必定是动听的靡靡之音；能够迷惑鼻子的，必定是芬芳的气味；能够迷惑嘴巴的，必定是美味佳肴；能够迷惑人心的，必定是权力功名。如果这几个方面都被迷惑了，那离遭殃也就不远了。接着，葛洪说道，聪明的人会严格地矫正自己的情绪和理智，不会放纵自己的情欲去追逐名利富贵，会用恬静的心来约束自己的思想，会用长远的打算来提高自己的品德。他们抑制自己的情欲，超过了防止堤坝的决口；他们控制自己的性情，小心得超过了用腐朽的缰绳去驾驭奔马。葛洪从大处着手，认为纵欲害人害己，清心寡欲则可以修身养性。

第六，葛洪还阐述了自己的文学观。

他提出要文德并重。魏晋以前，人们一般比较重视人的品行，而把作文放在次要地位。葛洪针对这种“德行者，本也；文章者，末也”的观点，提出了自己的看法。他认为文章的主要作用在于载道，因此“文章之与德行，犹十尺之与一丈”(《尚博》)，二者同样重要。再者，葛洪主张文章内容第一、形式第二的创作标准，认为只要有好的内容，形式差一点也不要紧。当然，内容与形式俱佳的作品，才是真正的上乘之作。此外，他还重视文学的实际作用，提倡作文要有益于社会，即“立言者贵于助教”，对于那些空洞而无用的文章，葛洪则嗤之以鼻。他的这些观点，意在矫正魏晋时期玄谈的虚无之弊，具有很强的现实意义。而在文风上，葛洪主张文学作品要通俗易懂。他说，人们讲话时总希望讲得越明白越好，务必让对方听懂，写文章也是同样的道理。

影响深远的选人用人观

中国自古就十分重视选人用人，社会的稳定、国家的富强、百姓的安居乐业，都离不开贤人的治理和辅佐。生活在两晋时期的葛洪，经历了纷繁错杂的时局，对用人更是有着深刻的理解。

第一，葛洪提出君主要把选择人才作为第一要务。他在《贵贤》的开篇就说：

> 舍轻艘而涉无涯者，不见其必济也；无良辅而羡隆平者，未闻其有成也。

意思是，舍弃轻快的船只而去涉无边的大海，我们将看不到他顺利地渡过；没有优秀的大臣辅佐而想实现太平盛世的局面，我们将听不到他成功的消息。

> 故招贤用才者，人主之要务也；立功立事者，髦俊之所思也。

所以招纳贤才是君主的第一要务，而建功立业则是贤才的追求。君主为什么要注意选择人才呢？因为这件事关系到国家的生死存亡。

> 以愚为贤者，亡之诊也。盖诊亡者，虽存而必亡；犹脉死者，虽生而必死也。(《擢才》)

如果把无能之人当作贤人，这就是亡国的征兆了。一旦出现亡国的征兆，虽然国家还存在，但它最终必然灭亡；这就好像脉象出现死亡征兆的人，虽然还活着，但却必死无疑。话虽说得很严重，但却值得仔细体会，这是在提醒统治者应该辨别忠奸贤愚，要选人得当，用人适宜。

那么，君主和贤臣之间最理想的状态又是什么呢？葛洪说道：

> 夫拔丘园之否滞，举遗漏之幽人，职尽其才，禄称其功者，君所以待贤者也；勤夙夜之在公，竭心力于百揆，进善退恶，知无不为者，臣所以报知己也。(《贵贤》)

请出山水田园中被埋没的人才，举荐被遗漏的隐士，让贤臣在适当的职位上尽情发挥他们的才华，让俸禄与他们的功劳相一致，这就是国君对待贤臣的方法；为了国家日夜勤奋努力，尽心竭力地处理好各种政务，举荐善人而贬斥恶人，遇到该做的事情就勇敢地去承担，这就是臣下报答君主知遇之恩的态度和方式。君主选拔人才而为国效力，贤臣恪尽职守、积极作为，这样国家才会走向繁荣和兴盛。

第二，要把举荐真正的贤才作为官员政绩考核的内容。葛洪说：

> 古者诸侯贡士，适者谓之有功，有功者增班进爵；贡士不适者谓之有过，有过者黜位削地。（《审举》）

意思是，古代的诸侯都要向天子举荐人才，举荐人才恰当的诸侯被视为有功，有功的诸侯就会加官晋爵；如果举荐的人才不恰当，就被视为有过错，有过错的诸侯就要降低官爵、削减封地。这实际是一种连带的责任，以此来要求举荐者必须具备一双慧眼，做到公正公平，不可因私利而偏私和袒护。在葛洪看来，这种有奖有罚的荐士制度是一种良好的制度，应该予以继承。然而，在汉代末年，由于朝政腐败，奸臣秉权，这种制度遭到了破坏，甚至出现了公开卖官鬻爵的现象，这直接导致了社会风气的败坏和国家的灭亡。

第三，举荐人才时要摒除私心，认真对待。在中国古代，人一旦居于高位，逢迎巴结者必然就会增多，这些人无非是想得到举荐，谋个一官半职或者升迁到更高的职位。面对这种情况，有权举荐人才者就更应该坚守职责，摒弃私心，公正行事。葛洪说：

> 但共遣其私情，竭其聪明，不为利欲动，不为属托屈。所欲举者，必澄思以察之，博访以详之，修其名而考其行，校同异以备虚饰。令亲族称其孝友，邦闾归其信义。(《审举》)

意思是，只要官员能够消除自己的私情，竭尽全力去发挥自己的聪明才智，不为利益所动，不因私人请托而屈从。对于要举荐的人，一定要平心静气地去观察他，广泛询问以便详细了解他，根据他所获得的名声去考察他的行为，比较不同的意见以防止有人对他过分夸奖。要使他的家族都称赞他孝敬父母、友爱兄弟，要让他的乡亲邻居都称赞他能够坚守信义。

第四，就是要对受到举荐之人进行严格的考试，以确定他是否有真才实学。关于如何操作，葛洪发表了自己的看法：一是考试之后，对于不合格者要与推荐者一起接受惩罚，“若受赇而举所不当，发觉有验者除名，禁锢终身，不以赦令原，所举与举者同罪”（《审举》）。也就是说，对于那些因行贿受贿而故意作弊的人，要加重处罚，“禁锢终身”，就是终生不许做官，即使遇到大赦的时候，也不予宽恕，应该说这种处罚是非常严厉的，为的就是避免举荐者与被举荐者私下串通，造成举才不当。二是严格考试制度。葛洪建议，朝廷可以预先拟定考题，出题人在考试前必须与外界隔离，考生当场答题，这样一来就避免了各种人事关系的干扰。这种观点，对后世科举考试有着很大的启发意义。三是对于合适的人选，不可立即委以重任，要“尝小仕者，有忠清之效，治事之干，则寸锦足以知巧，刺鼠足以观勇也”（《审举》），就是尝试着让他当个小官，如果他确实有忠诚廉洁的表现，具备处理事情的能力，那么通过一寸锦绣也能知道绣工的巧拙，通过杀死老鼠这件小事也能够看出他是否勇敢了。可见葛洪思想之缜密。

应该说，葛洪关于选人用人的观点，是较为合理且具有可操作性的，直到今天仍然具有借鉴意义，值得我们深思。

经典诵读：《抱朴子外篇》选读

抱朴子曰："夫学者所以清澄性理，簸扬埃秽，雕锻矿璞，砻炼屯钝，启导聪明，饰染质素，察往知来，博涉劝戒。仰观俯察，于是乎在；人事王道，于是乎备。进可以为国，退可以保己。是以圣贤罔莫孜孜而勤之，夙夜以勉之，命尽日中而释，饥寒危困而不废。岂以有求于当世哉？诚乐之自然也。……夫不学而求知，犹愿鱼而无网焉，心虽勤而无获矣；广博以穷理，犹须风而托焉，体不劳而致远矣。粉黛至则西施以加丽，而宿瘤以藏丑；经术深则高才者洞达，卤钝者醒悟。文梓干云，而不可名台榭者，未加班轮之结构也；天然爽朗，而不可谓之君子者，不识大伦之臧否也。"（《勖学》）

抱朴子说：“学习能够使人明白物性道理，清除各种污秽的东西，能够教育人们，开发迟钝笨拙者的智慧，提高人们的聪明才智，使那些过于朴实的人变得文质彬彬，能够借鉴历史以预知未来，广泛涉猎知识以明白应该鼓励什么和防止什么。仰视天象，俯察地理，全在学习之中；人间事务和治国道理，也可以在学习之中全部获得。进可以治理国家，退可以保全自我。因此圣贤们无不孜孜不倦地勤奋学习，夜以继日地努力学习，即使生命就要终结，依然手不释卷；在饥寒交迫、危难困苦之时，也从不放弃学习。难道他们是有求于当时的社会吗？确实是因为他们发自天性地喜欢学习。……不学习而想获得知识，这就好像希望得到鱼而没有渔网一样，虽然心里很迫切，却不会有任何收获；广泛地学习以穷究事理，这就好像顺着风乘坐舟船一样，身体不用劳累就能够到达远方。有了粉黛这些化妆品，西施就会变得更加漂亮，而宿瘤也能够以此掩饰自己的丑陋；深入研究经典，能够使高才者对事物的理解更加透彻，而愚钝之人也能够因此有所醒悟。带有纹理的梓木直冲云霄，却不能把它直接叫作台榭，那是因为它还没有经过能工巧匠的加工构建；天生性格就直爽开朗，却不能直接把他称为君子，那是因为他还不懂得基本伦理道德的善恶标准。”

抱朴子曰：“华、霍所以能崇极天之峻者，由乎其下之厚也；唐、虞所以能臻巍巍之功者，实赖股肱之良也。虽有孙阳之手，而无骐骥之足，则不得致千里矣；虽有稽古之才，而无宣力之佐，则莫缘凝庶绩矣。人君虽明并日月，神鉴未兆，然万机不可以独统，曲碎不可以亲总，必假目以遐览，借耳以广听，诚须有司，是康是赞。故圣君莫不根心招贤，以举才为首务。施玉帛于丘园，驰翘车于岩薮。劳于求人，逸于用能。上自槐棘，降逮皂隶，论道经国，莫不任职；恭己无为，而治平刑措；而化洽无外，万邦咸宁。设官分职，其犹构室，一物不堪，则崩桡之由也。”（《审举》）

抱朴子说：“华山和霍山之所以能够像天那样的高峻，是由于它们下面的基础深厚；唐尧与虞舜之所以能够成就自己伟大的功业，确实是有赖于优秀的辅佐大臣。即使具有伯乐那样善于驾车的一双手，但如果没有善于奔跑的骏马，那么他也不可能达到千里之外；即使君主具备了善于效法古代圣君的才能，但如果没有能够效命的大臣，也没有办法使各项政务成功。君主即使圣明得可与日月相提并论，能够极为聪明地预测到还没有任何先兆的事情，但是也不可能独自一人去处理各种政务，更不可能独自一人去包揽众多的繁杂小事，必须借助别人的眼睛去看得更远，借助别人的耳朵去听得更多，确实需要有关的官署和官员，来帮助君主治理国家。因此，圣明的君主无不是发自内心地去招纳贤人，把举荐人才当作自己的首要任务。他们把聘贤的礼品送到隐士居住的山水田园，把聘贤的车辆拉到隐士居住的高山大泽。君主辛苦于寻求贤人，而悠闲于任用贤人之后。上自三公九卿，下至奴仆差役，与他们讨论治国的正道，让他们尽职尽责；然后君主恭谨律己、清静无为，而社会安定、搁置刑罚；教化推行于普天之下，所有的地方都安宁祥和。设置官员以分掌职务，就好像建造房子那样，任何一个构件承受不住，都会成为房屋倒塌的原因。”

十九　《颜氏家训》：古今家训第一书

如果拿“你家的家风是什么”问颜之推，他会答：“父不慈则子不孝，兄不友则弟不恭，夫不义则妇不顺。”颜之推（531—595）是我国古代著名家训著作《颜氏家训》的作者。《颜氏家训》在传统中国是本很有名的书，享有“古今家训，以此为祖”的美誉。

为什么会受到历代的推崇

《颜氏家训》共七卷二十篇，内容十分丰富，主要论及家庭伦理教育、治家的方法、品德教育及修身治学的方法、为人处世及养生的方法，还有各种文化知识。这些基本适应了长辈教育子孙立身处世的需要，特别是它继承和发展了儒家“诚意、正心、修身、齐家、治国、平天下”的教育思想，力主“治国有方、营家有道”的实用型新观念，并提出了很多切实可行的教育方法。因此，后人认为它是我国历史上第一部系统化的家训著作，堪称家训之祖。

此书受欢迎的另一个重要原因，是其平易近人的行文风格。颜之推用语通俗朴实，接近当时的口语。在写作方法上，他运用各种修辞，使文章深入浅出，深得人们的喜爱。

纵观历史，颜氏子孙在操守与才学方面不乏惊世之人。仅以唐朝为例，像注解《汉书》的颜师古，书法为世楷模的颜真卿，凛然大节、以身殉国的颜杲卿等，都令世人对颜家印象深刻，更证明了其祖所立家训效用的显著。于是，历代对《颜氏家训》都有着极高的评价，这部书能广泛流传，与其拥有如此高的社会评价不无关系。

直到今天，书中关于家庭伦理、道德修养、为学为人等方面的内容仍有借鉴意义。例如，颜之推认为长辈应尽早培养子女积极向上的人生观和世界观，如果等到已经养成恶习再去纠正那就太晚了。而且提出家教的关键是父母，父母的行为和教育方法对子女的成长影响很大，必须把爱子和教子结合起来，切忌“无教而有爱”。他还十分强调环境对人成长的意义，希望后辈能够谨慎交友，要向榜样学习。在家训中，他用极为推崇的语言记录了贤人的事迹，目的就在于此。

颜之推为什么编这样一部家训

颜之推生活在南北朝至隋时期。当时，门第观念根深蒂固，在此影响下，世家大族都希望族人能具有美好的品德、渊博的学识以及良好的个人修养，以使家族发扬光大。而南北朝又是一个动荡不安的时代，乱世中能保全家族的最稳妥方式就是文化传家。因此，家中的父兄长辈常将自己的处世之道和原则用纸笔记录下来，传授给自家子弟，希望他们以此为鉴，安身立命。这是编写《颜氏家训》的客观条件。

从颜之推个人角度说，在他九岁的时候，父亲过世，其兄长“有仁无威，导示不切”的教育方式导致他“好饮酒，多任纵，不修边幅”。成人后的颜之推深深体会到家庭教育的重要性，为使后辈不重蹈覆辙，他将自己一生的经验教训写成文章，留给后人，这便有了《颜氏家训》。

为什么会有“家训”类著作出现？家训是中国传统宗法社会的一种文化现象，指的是家族或家庭对子孙后代在修身、治家、睦亲、处世、教学、婚姻、择业、仕宦等方面所立的规矩或告诫的话。一般来说，家教是直接的教育，即教育者和被教育者必须是直接接触、面对面进行。而家训则可以间接传承，即创立家训的人不必和被传承的子孙面对面教授。在家训的规范下，在家教的保障下，以及在全体族人或家人的共同践行下，会形成一种家庭风尚，这就是家风。

家训著作的产生，首先与古人对社会秩序的体认有关。在古人看来，先确立家内秩序，方能建立政治秩序和社会秩序。《礼记·大学》中说“欲治其国者，先齐其家；欲齐其家者，先修其身”，就是基于这种社会责任。为调和家庭内部矛盾，规范家庭成员的言行，维护家内之礼，族长或家长就要制定家训，写于家谱中，悬挂于族祠或自家的中堂上，需人人皆知，人人践行，否则就要受到家法的惩罚。

另外，由于古代社会教育不发达，教育手段也较为缺乏，这就使家庭成为儿童社会化最重要的教育场所。而家庭教育的文本就是家训，一部好的家训对家族的生存延续往往起着十分重要的作用。

著名家训知多少

宋代人袁采从小受儒家思想影响，为人才德并佳。在任温州乐清县县令时，他撰写了《俗训》一书，用来践行伦理教育。后来，有人认为这部家训不仅可以施之于乐清一县，而且可以“远诸四海”；不仅可以行之一时，而且可以“垂诸后世”“兼善天下”，成为“世之范模”，于是建议将此书改为《世范》,《袁氏世范》由此得名。此书共三卷，论及父子、兄弟、夫妇、子侄等各种家庭成员关系的处理，阐明了家人族属和睦相处的准则，纵论了立身、处世、言行、交游之道，提供了持家兴业的经验，被誉为“《颜氏家训》之亚”。

南宋著名爱国诗人陆游所写的家训不长，只有八十六个字，反映了他的家教思想。陆游认为家长要注重对孩子的思想教育，在行为规范上要对孩子加强良性约束，这对今日中小学教育尤具启发作用。

明末清初教育家朱柏庐著有《朱子家训》，又称《治家格言》。这部书以“修身”和“齐家”为宗旨，通篇劝人要勤俭持家、明辨是非，读书要志在圣贤，做官要心存君国。作者采用对仗的手法叙述自己的教育理念和处世方法，读起来朗朗上口，如“一粥一饭，当思来之不易”等名言，至今仍广为流传。

《曾国藩家书》和《曾国藩家训》是晚清名臣曾国藩写给四位弟弟和两个儿子的书信，内容涉及治家、为学、处世等多方面。曾国藩十分重视对晚辈及子女的教育，他的家书全面反映了其教育之道，其中的精髓八本、八宝、三致祥、四字诀，至今仍具借鉴意义。

除上述外，中国古代的家训名篇和著作还有很多，像汉代刘向的《戒子歆书》、三国诸葛亮的《诫子书》、唐太宗的《帝范》、狄仁杰的《家范》，等等。值得一提的还有明代袁黄（号了凡）的《了凡四训》，此书是为教戒儿子袁天启而作。书中作者以自己改造命运的经验“现身说法”，说明了人完全可以掌握和改变自己的命运、以求多福的道理，目的是让其子认识命运的真相，明辨善恶，改过迁善。

家训精神的现代传承

成功的教育，需要关注人的心灵成长。但学校教育多以知识传授为主，对心灵的关注不够，而家训恰恰能从一个侧面弥补此空白。

然而，因为受时代的限制，古人家训虽有树立基本价值观、培养行为规范的作用，但其中也充斥着男尊女卑、因果报应等腐朽观念。因此，今天我们在读古人家训时，要注意结合时代的需要进行取舍。

此外，家训方法上也要创新。不应再像以前封建社会那样，板起面孔来教训孩子，而要体现平等、民主的理念。在传播载体上，可以运用现代工具，比如电子邮件、短信、即时贴、微博、QQ 等，而且行文可以亲切一些，语言精短一些，让孩子愿意看，看得进去，想得真切。

今日，我们弘扬传统家训应与时代紧密衔接，从中汲取积极向上的精华，做好个人，服务社会，振兴国家，这样才能让传统家训精神在新时代散发出新的光辉。

经典诵读：《颜氏家训》选读

《礼》云："欲不可纵，志不可满。"宇宙可臻其极，情性不知其穷，唯在少欲知止，为立涯限尔。先祖靖侯戒子侄曰："汝家书生门户，世无富贵，自今仕宦不可过二千石，婚姻勿贪势家。"吾终身服膺，以为名言也。

天地鬼神之道，皆恶满盈。谦虚冲损，可以免害。人生衣趣以覆寒露，食趣以塞饥乏耳。形骸之内，尚不得奢靡，己身之外，而欲穷骄泰邪？周穆王、秦始皇、

汉武帝富有四海，贵为天子，不知纪极，犹自败累，况士庶乎？（《止足篇》）

《礼记》中说："欲望不可以放纵，志向不可以满足。"宇宙还可到达边缘，人的本性欲望却没有个尽头，只有减少欲望，知道满足而止，给自己立个限度。先祖靖侯曾教诫子侄们说："你们家是读书人家，世世代代没有出现过大富大贵之人；从今以后，做官不可超过太守这个职位，缔结婚姻不要攀附权力显赫的人家。"这些话，我终身铭记在心，把它当作至理名言。

自然界的法则，都是憎恶盈满。谦虚淡泊，可以免除祸患。人生在世，衣服只要能够御寒，饮食只要能够充饥，也就行了。在衣、食这两件与人本身密切相关的事情上，尚且不应该奢侈浪费，何况那些并非身体所急需的事情，又何必要穷奢极欲呢？周穆王、秦始皇、汉武帝，他们都富有四海，贵为天子，不懂得适可而止，到头来还会遭到败损，何况普通人呢？

二十 《武经七书》：武学圣典 兵家宝鉴

中国古代的治国安邦之术，重视的是文武并用、双管齐下。这反映到文化经典的形成与发展上，则体现为注重文、武两大系统的建构。从文治的要求来看，形成了以儒家“十三经”等经典为中心的文化传承统绪；就武功的建树而言，则构筑起以《武经七书》为代表的兵学发展主脉。

中国古代兵学之盛甲天下，兵书之富也是举世瞩目。据不完全统计，见诸著录的兵书存目约二千部以上，现存者有五百部左右，有较大价值的约有五十部，其中以《武经七书》最享盛名。

“七书”的主要内容

北宋元丰三年（1080），神宗皇帝命国子监司业朱服、武学博士何去非等挑选、汇编兵书，他们从当时流行的三百四十多部兵书中挑选出《孙子兵法》《吴子》《司马法》《尉缭子》《六韬》《三略》《李卫公问对》等七部，作为武学经典，并把它们定为武学教科书，称之为《武经七书》。

《武经七书》是中国历史上第一部军事理论名著的

汇集，也是第一部官定的军事教科书。它基本包括了北宋以前军事方面的代表作，是我国冷兵器时代军事思想的结晶，是中国军事理论殿堂中的瑰宝。它奠定了中国古代军事学的基础，对中国和世界近代、现代军事科学的发展起到了积极的作用。

那么，这七部书的主要内容是什么呢？

（一）《孙子兵法》

《孙子兵法》是我们最熟悉的一部著作，俗称《孙子》，《汉书·艺文志》著录为《吴孙子兵法》，作者是孙武。这是我国现存的第一部兵书，其内容博大精深，理论高度概括，逻辑缜密严谨，实践层出不穷。它不但是我国古典军事文化遗产中的瑰宝，而且是我国优秀传统文化宝库中的重要组成部分。

该书自问世以来，对中国古代军事学的发展产生了巨大而深远的影响，被人们尊奉为“兵经”“百世谈兵之祖”。它不仅是历代军事家用于指导战争实践的必读之书，而且其中的“知彼知己，百战不殆”“不战而屈人之兵”“避实击虚”等军事格言，已成为我们生活中的智慧而广为流传，特别是这部书中的一些思想和基本原则已渗透到商业竞争、企业管理、体育竞赛、外交谈判等诸多领域。

《孙子兵法》作为中国古典兵学的杰出代表，有着非常全面而完整的体系，体现了战争与政治、经济、文化等各方面的关系。

此书对战争持十分慎重的态度，坚决反对在战争问题上轻举妄动、穷兵黩武，同时也提出要加强备战，做到未雨绸缪、有备无患。战术思想是全书的精髓，其中最精要之句便是“致人而不致于人”，即要调动别人而不是被别人所调动，要牢牢掌握主动权。此外，书中的军事思想还具有朴素的唯物论和辩证法观点，强调战争的胜负不取决于鬼神，而是与政治清明、经济发展、外交努力、军事实力、自然条件等诸多因素有着密切的关系，决定战争胜负的主要因素就是看以上这些条件处于什么状态。此外，孙武认为世界是客观存在的，而且世界上的事物都在不停地变化着，他强调在战争中应积极创造条件，发挥人的主观能动性，促使敌人朝着有利于自己的方向转化。正是因为孙武在这门具体学科中概括和总结出了异常丰富的哲学道理，才确立了他在春秋末期思想界中与孔子、老子并列的地位。

（二）《吴子》

《吴子》又称《吴起兵法》，相传其作者为战国初期政治家、军事家吴起。经研究，一般认为《吴子》的基本思想出自吴起，是由吴起的后学记录、整理和增补，又经汉人修订删补，才以今天的面貌流传于世的。

《吴子》全文约五千字，共分六篇，较好地保存了吴起独特的政治、军事思想，总结和研究了当时的战争经验，丰富了古代军事理论，有其不可抹杀的重要价值。其中“内修文德，外治武备”的战略指导思想；“以治为胜”的思想；根据敌情，审时度势，用不同的对策打击敌人的思想；看准时机，猛攻敌人薄弱环节的思想；等等，都便于操作，至今仍有借鉴意义。

（三）《司马法》

《司马法》又称《司马穰苴兵法》《军礼司马法》《古司马兵法》。旧题作者为司马穰苴。穰苴，姓田，春秋后期齐国人，因为官至大司马，所以称其为“司马穰苴”。据史书记载，穰苴对春秋以前的古兵法有着深刻的理解。但据后人研究，《司马法》实为一部“混合型”兵书，其内容由三部分组成：其一，古代《司马兵法》，即西周时期供武官学习或遵循的法典性兵学著作，这是它的主体；其二，春秋时期齐国著名军事家司马穰苴的兵学观点以及他对古代《司马兵法》的诠释；其三，战国中期齐威王统治时的稷下大夫们在“追论”古代《司马兵法》之时，根据战国时代新的战争特点加入的一些兵家言论。概括而言，此书孕育于黄帝至殷商，创立于西周，发展于春秋，成书于战国中期，具有深厚的历史积淀，集中反映了商周、春秋、战国前期各种军事观念、作战特点与军事制度，其历史文化价值不容低估，因此自问世以来，一直受到历代统治者及兵家、学者的高度重视。

从内容来看，《司马法》不同于专门讨论兵略的其他兵书，而是以追述古代军礼或军法为主。书中保存了许多古代用兵、治兵的原则，以及以法制军的思想和大量具体的军法内容，包括军队编制、阵法操练、旌旗鼓铎的使用，夏商周三代的出师礼仪、兵器、徽章、赏罚、警戒等，以及爵赏诛罚的各种规定。此外，书中还蕴含有丰富的哲理，很重视战争中精神、物质力量之间的转化及轻与重的辩证关系，对于人的因素、士气的作用也非常重视。

还需指出的是，书中所述经国治军思想的核心是礼、仁、信、义、勇、智“六德”，强调“以仁为本”“以礼为固”，这是把儒家思想融会贯通到治军的理论当中。在阐明军事原则时，则注意从众寡、轻重、治乱、进退、难易、固危、强静与微静、小惧与大惧等各种关系分析问题，带有朴素的辩证法思想。

（四）《尉缭子》

《尉缭子》相传是战国时期魏国人尉缭所著，共分天官、兵谈、制谈、战威、攻权、守权等二十四篇，论述了统率军队、整训士卒、健全军法、告诫将领以及安民、胜敌的权术与谋略，具有较强的实用性。

此书的重要性还表现为它既是现存“兵形势家”的唯一著述，又在很大程度上反映了法家思想对战国兵书的渗透与影响。它所倡导的“挟义而战”“武表文里”的战争观念，“明法审令”“举贤用能”的治军思想，“权敌审将”“轻疾机动”的作战指导原则，均在我国兵学发展史上留下了光辉的一笔。

（五）《六韬》

《六韬》相传为周初太公望姜尚所著，全书以姜太公与周文王、周武王对话的形式编著而成。后据学者考证，其成书年代大约是在战国末期。

所谓“六韬”，分别是文韬：主要讲国家的治理，强调国富民强和道德教化的重要性。武韬：主要讲对敌作战的策略。龙韬：主要讲军事的指挥与布置。虎韬：主要讲在开阔地带作战中应注意的具体问题。豹韬：主要讲在狭隘地带作战中应采取的具体对策。天韬：主要讲军队的配合以及作战素质的提高等问题。

《六韬》集中体现了战国后期学术思潮融会贯通的趋势并在当时兵书撰著上打下了深刻烙印。具体而言，首先，它具有军事学术体系的完备性与系统性，所论述的范围包括政治经济与军事的关系、全胜战略、军事战略、治军理论、作战指导原则、国防建设思想、军事后勤方针等各方面，从而构筑起一个十分完备的兵学理论体系。其次，当时社会政治思潮对《六韬》有广泛的渗透与高度的规范。这包括黄老之学清静无为、执一统众的指导性质，儒家民本思想的深刻影响，以及法家、墨家学说不同程度的参与。最后,《六韬》所阐述的许多问题，具有鲜明的独创性和启发性，如“文伐”十二法的高明运用、《龙韬·王翼》中早期“司令部”构成的具体设想等。

（六）《三略》

《三略》，又称《黄石公三略》，据传是圯上老人黄石公传书于张良。据现代学者考证，此书约成于西汉末年，其真实作者已不可考。

现存的《三略》分为上略、中略和下略三卷。综合观之，这部书体现了封建大一统兵学的特点。秦汉时期是中国历史大一统封建帝国的确立时期，大一统的封建帝国需要有能为其服务的兵学。《三略》正是适应这一时代需要的产物。它所关注的问题，既是总结“取天下”的经验，更是探讨“安天下”“治天下”的基本原则。这一时代文化精神从《三略》自我表述的理论宗旨，如“设礼赏，别奸雄，著成败”“差德性，审权变”“陈道德，察安危，明贼贤之咎”中就有突出的反映。《三略》的大一统时代文化精神，集中体现在以下两个方面。第一，它偏重于阐述政略，这同《孙子兵法》等先秦兵书侧重于阐述兵略有着较大差异，而这恰恰是大一统时代精神指导与规范兵学建设的客观反映。第二，它花费了大量笔墨来论述君主与将帅、君主与群臣的关系，提出了一系列君主如何驭将统众的重要原则，这同样是大一统时代文化精神指导与规范当时兵学理论建设的具体表现。从这个意义上讲，《三略》更像是一部政治学著作，它的出现和流传，表明军事学政治伦理本位化趋势的加强已成为不可逆转的趋势。

（七）《李卫公问对》

《李卫公问对》又称《唐太宗李卫公问对》，是一部记录唐太宗和李靖关于军事问答的著作。全书共分上、中、下三卷，上卷四十问答，中卷三十三问答，下卷二十五问答，凡九十八次问答。

此书的作者李靖，字药师，因功封卫国公，所以称其为李卫公。他精熟兵法，著有多种兵书，只可惜大多都散佚了。

《李卫公问对》一书内容十分广泛，对用兵的策略、军队的编制、作战的阵法、将领的选用以及军事教育等问题都有论及。比如在论述奇正相交之术时，李靖认为奇正战术应根据战场的具体情况临时制变，决不可“徒诵空文”。他通过破突厥、征西域、诸葛亮七擒孟获、晋马隆征讨凉州、霍去病出击匈奴等战例来说明奇正相交的道理，并提出了“善用兵者，无不正，无不奇，使敌莫测。故正亦胜，奇亦胜”的著名论断。在关于军队训练的问对上，李靖非常注重训练方法。他认为“教得其法，则士乐为用；教不得法，虽朝督暮责，无益于事矣”。应该说，随着战争实践的日益丰富，人们对军事的理性认识也趋于多元、复杂和缜密，这一点从这部书中就可以窥见。

从这七部书的内容和价值来看，宋代学人对兵学经典的认识与遴选，的确是独具匠心、别出心裁的。其眼光之独到，选择之精准，令人叹为观止。

兵学著述经典化的过程

我国古代的兵学文化一直较为繁荣。唐开国以后，崇尚文德武备，所以国力强盛，兵学的地位很高，被尊为武经。儒生习文研武，是集经学与兵学于一身的。因而，文人学者投笔从戎，征战沙场，是极其普遍的事。注释《孙子兵法》的杜牧就说“周孔传文教，萧曹授武经”，反映了儒家文化对经学和兵学的融合。

然而，到了宋代，开始推行崇文抑武、以文制武的基本国策。宋太祖赵匡胤、太宗赵光义消极汲取五代时期武人干政擅权的历史教训，一味考虑不让“黄袍加身”的历史重演，从而将巩固皇权、强化对军队的绝对控制放在首要的位置。凡大将出征，皇上都要面授机宜，颁发阵图，统兵者不可越雷池一步。将领的手脚被捆得严严实实，没有机断指挥的权力；“兵不知将，将不知兵”的现象，正是宋朝军事的真实写照。如此一来，宋朝在与辽、西夏的战争中，就处于被动地位了。

宋仁宗时，武备废弛，此时，西夏日渐强大，经常骚扰边境，宋军屡吃败仗。于是，宋朝统治者决定建立武学，重设武举（此前将唐朝设立的武举废除了），培养守土御边的军事人才。

宋神宗熙宁五年（1072），在武成王庙正式建立武学，任命专门的武学负责人，选拔文武官员中熟悉兵法的人为教授，招收武生一百人。随着武学和武举制度的健全和发展，人们开始想到用兵学的理论和兵家的智慧来弥补军事实力的不足，同时为了适应“武学”教学与训练的需要，掀起了传承和弘扬兵学经典之风。宋神宗在元丰三年（1080）下诏，命国子监司业朱服和武学博士何去非等人“校定《孙子》《吴子》《六韬》《司马法》《三略》《尉缭子》《李靖问对》等书，镂板行之”。从此，以《孙子兵法》为代表的七部兵学著述，就被正式定名为兵家经典著作《武经七书》，成为中国古代第一部由官方校刊颁行的兵学理论教科书。

要在这么多的传世兵书中遴选出几种具有代表性的，并以武学经典的身份进入武学基本教材的范围，是非常不容易的，是对《武经七书》编纂者的学术眼光、兵学素养、文化识见的重大考验。它要求达到四个基本目标：第一，入选的兵书能够系统、完整地反映宋代以前中国兵学发展的总体成就与基本面貌；第二，入选的兵书要具有鲜明的个性特征，具有重要的代表性，且彼此之间可以起到互为补充、互相发挥的作用；第三，入选的兵书在思想性、学术性、文学性等方面，都要卓尔不群，引领风骚，臻于完美，具有典范意义；第四，入选的兵书无论是篇幅的大小、文字的阅读、表述的方式等，都应该恰当适宜，符合武学教学的需要，便于人们学习与掌握。

从结果看，应该说朱服、何去非等人的确识见不凡、目光如炬，很好地完成了对经典兵书的遴选工作。这七部兵书价值巨大、个性鲜明、内涵丰富、影响深远，是最佳的入选对象，称得上是中国古代兵家文化的杰出代表。

“七书”的军事思想

《武经七书》中的每部书都各有特点，它们体现出的思想不仅丰富实用，而且对今天不无借鉴意义。

第一，提出了重战、慎战、善战的思想。书中论述了战争中的一些重要问题，如战争的地位、作用、性质，对战争的态度，战争和政治、经济、外交、民众、自然条件的关系，取胜的因素等。认为“兵者，国之大事也”，把战争与“图国”（筹划治理国家）联系起来，看作国家的正常的大事，而不是简单地指斥为“凶器”“逆德”，也就是说，既不消极避谈军旅之事，也不是“穷兵”“乐兵”而黩武。此外，书中还提出了“国虽大，好战必亡；天下虽安，忘战必危”，安国之道“先戒为宝”等慎战主张。在关于战争的“义”和“不义”这一根本问题上，认为“禁暴救乱曰义”，“兵者，所以诛暴乱，禁不义”。这都是具有警示意义的言论。

第二，重视计谋和战争策略，体现以“智”使“力”的“智力观”。《武经七书》反映了古代兵家的战略观念和制定、运用战略的原则，其核心是把运用谋略作为首要之事，从这个意义上讲，此书又是一部战略性的兵书。

第三，主动、机动、应变的用兵作战方法。书中强调“致人而不致于人”，“能夺人而不夺于人”，甚至认为兵法千章万句，其要义就在于此。书中还提出要争取主动权，论述了奇正、虚实、分合、因情造势等方法，结合天、地、人的情况，提出了一系列用兵作战的原则，并论述了古代车、骑、步等兵种的运用和特殊地形的攻守方法。后人提出的兵经百家、用兵百法等，大多都源于此书。

第四，以“将”“法”作为治军之要。书中对将帅的地位、作用、条件、职责等均有较多论述，有的还设置了专篇，如《吴子》中的《论将》,《尉缭子》中的《将理》,《六韬 》中的《论将》《立将》《将威》等。无数的战例表明，将领的素质和气质，往往决定了士兵的作战能力和勇气，因此，选将具有重要的意义，如“知兵之将，生命之司命，国家安危之主”思想。关于军队制度、律令、法规、军队组织、战斗力等方面的意义和作用，除了理论性论述之外，还有许多具体的阐发，体现了理论和实际的结合。

第五，书中有着丰富的古典军事哲学，体现了朴素的唯物论和辩证法在兵学中的运用。主要有反对战争中的“天命观”，而强调人事；注重实情，发挥主观能动性；以“智”使“力”的“智力观”和“趋利避害”的“利害观”；注意从总体上、多角度地观察战争，并意识到军事领域中矛盾对立的现象及其转化条件。

总之,《武经七书》所体现的思想往往是具有普遍性的军事规律和原则，这也是此书至今仍为中外人士所重的原因。

经典诵读：《武经七书》选读

孙子曰：兵者，国之大事。死生之地，存亡之道，不可不察也。故经之以五事，校之以计，而索其情：一曰道，二曰天，三曰地，四曰将，五曰法。道者，令民与上同意也，故可以与之死，可以与之生，而不畏危也；天者，阴阳、寒暑、时制也；地者，远近、险易、广狭、死生也；将者，智、信、仁、勇、严也；法者，曲制、官道、主用也。凡此五者，将莫不闻，知之者胜，不知者不胜。(《孙子兵法·计篇》)

孙子说：战争是国家的大事，地形上的死地、生地，战场上的存亡胜败，是不能不慎重分析研究的。所以，要通过以下五个方面来研究，比较分析双方的各种条件，考察双方的实际情况，来预测战争胜负的可能性。一是道义，二是天时，三是地理，四是将帅，五是法规。所谓“道义”，就是使民众和君主的心意相同，这样才可以同生共死，而不惧怕危险。所谓“天时”，就是指阴阳、寒暑、春夏秋冬四季。所谓“地形”，就是指路程的远近、地势的险要平坦、战场的广阔狭窄、是生地还是死地等地理条件。所谓“将帅”，就是指将帅的智谋才能、赏罚有信、对部下仁慈关爱、果断勇敢、军纪严明。所谓“法规”，就是指军队组织的编制、将吏责权的划分、军需物资的掌管和供给。对于这五个方面，身为将领要深刻了解。了解的就能胜利，否则就不能胜利。

武侯问曰：“愿闻治兵、料人、固国之道。”

起对曰：“古之明王，必谨君臣之礼，饰上下之仪，安集吏民，顺俗而教，简募良才，以备不虞。昔齐桓募士五万，以霸诸侯；晋文召为前行四万，以获其志；秦缪置陷陈三万，以服邻敌。故强国之君，必料其民。民有胆勇气力者，聚为一卒；乐以进战效力以显其忠勇者，聚为一卒；能逾高超远轻足善走者，聚为一卒；王臣失位而欲见功于上者，聚为一卒；弃城去守，欲除其丑者，聚为一卒。此五者，军之练锐也。有此三千人，内出可以决围。外入可以屠城矣。”(《吴子·图国》)

魏武侯问吴起说：“我想知道关于治理军队、了解人民、巩固国家的方法。”

吴起回答说："古时贤明的国君，一定会严守君臣间的礼节，讲究上下间的法度，使吏民各得其所，按照习俗进行教育，选募能干贤良的人才，以防不测。从前齐桓公招募勇士五万，赖以称霸诸侯；晋文公召集勇士四万作为前锋，实现了自己的愿望；秦穆公设置了冲锋陷阵的部队三万，制服了邻近的敌国。所以，强国的君主，必须了解他的百姓。把有胆量有勇气的人，编为一队；把乐意拼命冲锋陷阵以显示忠勇的人，编为一队；把善于攀高、越险、行动敏捷的人，编为一队；把因罪罢官而想立功报效君主的人，编为一队；把曾经弃城逃跑、擅离职守而想洗刷耻辱的人，编为一队。这五种编队都是军队中的精锐部队。如果有这样的三千人，由内向外出击可以突破敌人的包围，由外向内进攻可以摧毁敌人的城邑。"

战道：不违时，不历民病，所以爱吾民也；不加丧，不因凶，所以爱夫其民也；冬夏不兴师，所以兼爱其民也。故国虽大，好战必亡；天下虽安，忘战必危。天下既平，天下大恺。春蒐秋狝，诸侯春振旅，秋治兵，所以不忘战也。(《司马法·仁本》)

发动战争的原则是：不要违反农时，不可在遇到人民疾疫流行时发动战争，这是为了爱护本国的百姓；不乘对方举丧时发动战争，不乘对方发生灾年时发动战争，这是为了爱护对方的人民；冬夏两季不兴兵作战，这是为了兼爱敌我双方的人民。所以说国家即使强大，如果喜好战争就一定会灭亡；天下即使太平，如果忘记备战也必然会遭遇危险。即使天下已经太平，举国欢庆，春秋两季也要以田猎的方式训练士兵，各诸侯在春季要整顿军队，在秋季要进行实战演习，这都是为了表示不忘备战。

二十一 《近思录》：宋代理学的入门读物

说到理学，我们会想到南宋的朱熹，他被誉为理学的集大成者。而说到朱熹，我们又会想到他的《四书章句集注》，这是元明清参加科举考试的人必读之书。其实，关于朱熹的著作，还有一部非常有名，那就是他和好友吕祖谦合编的《近思录》。这部书在中国儒学发展史上有着很高的地位，正如陈荣捷先生在《近思录详注集评》中所说："《近思录》为我国第一本哲学选辑之书，亦为北宋理学之大纲，更是朱子哲学之轮廓。以后宋代之《朱子语类》，明代之《性理大全》，与清代之《朱子全书》与《性理精义》，均依此书之次序为次序，支配我国士人之精神思想凡五六百年。"

从朱熹、吕祖谦寒泉精舍相会说起

朱熹（1130—1200）应该算是一位家喻户晓的人物了，他曾任枢密院编修官、秘书省秘书郎，曾在江西南康、福建漳州、湖南长沙担任过地方官，最后官至焕章阁待制兼侍讲。为政期间，他申明敕令，惩治奸吏，成绩斐然。但朱熹从政的时间不长，他一生的主要时间都是在著书讲学，门人弟子遍天下，现在全国各地仍有朱熹讲学的场所保留下来，如湖南的岳麓书院、江西的白鹿洞书院等。也就是说，朱熹的主要成就是在理学方面。他继承北宋程颢、程颐的理学思想，并吸收张载等其他学者的学说，成为宋代理学的集大成者，世称“朱子”。

为什么说朱熹是宋代理学之集大成者呢？因为朱熹对北宋理学做了系统的整理和研究，他的思想体系以二程（即程颢、程颐）学说为中心，改造了周敦颐的宇宙图式，吸收了张载的气学，并融合了邵雍的象数易学。此外，他还致力于“四书”（《大学》《中庸》《论语》《孟子》的合称）的注释和阐发。朱熹去世后，他的学说受到官方的推崇，元朝皇庆二年（1313）恢复科举的时候，诏以朱熹《四书章句集注》作为考试依据，朱熹的学说由此被定为科场程序。明太祖朱元璋则规定科举以朱熹等“传注为宗”，清康熙皇帝更是升朱熹为配享孔庙的第十一哲。特别要指出的是，朱熹的思想在世界文化史上也有重要影响，尤其对中国周边的国家影响巨大，比如，朝鲜的李朝将朱熹学说定为官方学说，并出现了李退溪这样的朱子学大家。

而说到吕祖谦（1137—1181），读者可能不太熟悉。

其实，吕氏素有家学，北宋著名学者吕公著（1018—1089）为吕祖谦的六世祖，五世祖吕希哲（1039—1116）从学于欧阳修、王安石、程颐等人，所以，虽然吕祖谦生于浙东，但家里有来自中原地区的诸多文献，吕祖谦问学其中，儒学根底深厚。吕祖谦做过秘书郎、国史院编修官、实录院检讨官、著作郎等职，因纂修南宋国史，得以博览群书。南宋时，学人多称其伯祖吕本中（1084—1145）为“东莱先生”，吕祖谦则被称为“小东莱先生”。但后来，随着吕祖谦影响力的扩大，一般就称他为“东莱先生”了。

吕祖谦值得称道之处在于，他吸收了经世致用的思想，反对空谈，主张“明理躬行”，以史为鉴，由此开浙东学术的先声。在当时，吕祖谦、朱熹、张栻合称“东南三贤”，又与朱熹、陆九渊三足鼎立，成为南宋学术的代表人物。

南宋淳熙二年（1175）初夏，三十九岁的吕祖谦从浙江来到福建，与四十六岁的朱熹会晤。二人在寒泉精舍研读北宋理学家周敦颐、程颢、程颐、张载的著作，感慨其内容“广大宏博，若无津涯”，担心初学者不知从何入手，更不易把握其中的要义，于是择取其中“关于大体而切于日用者”，编辑成一本理学入门书，这就是《近思录》。应该说，他们二人把《近思录》当作学习四子（周敦颐、程颢、程颐、张载）著作的阶梯，而四子的著作又是学习“五经”(《诗》《书》《礼》《易》《春秋》) 的阶梯，于是,《近思录》就成了士人学习儒家思想的入门读物。

《近思录》的书名取自《论语·子张》,“子夏曰：‘博学而笃志，切问而近思，仁在其中矣’。”古人解释“切问”说：“切问于己所学未悟之事。”解释“近思”说：“思己所未能及之事。”朱熹说，子夏所说的这四件事，即博学、笃志、切问、近思，都是关于学问思辨的，一个总的要求是“心不外驰，而所存自熟”。就是说，读书、学习不能好高骛远，而要从自己的实际出发，解决自身知识结构中的缺陷和疑问，做到专心致志而了然于心。显然，朱熹以“近思”为书名，是饱含微言大义的。

“北宋四子”：周敦颐、程颐、程颢、张载

朱熹和吕祖谦二人“述而不作”，他们所编的《近思录》不是另起炉灶的撰述论列，而是完全采纳前贤的

论述，分门别类予以条列。如朱熹所说，他们一共选取了前贤的语录六百二十二条，分成十四类。他们认为，这六百二十二条语录已经把理学的基本理论讲清楚了，把理学的基本内涵也囊括了。

当然，朱熹和吕祖谦二人眼中的所谓“前贤”，是有严格筛选的，他们就是有着“北宋四子”之称的周敦颐、程颢、程颐、张载。

周敦颐（1017—1073）我们比较熟悉，他的名作《爱莲说》被收入中学课本之中。除了文学家的身份外，周敦颐还是位理学家，他曾建书堂于庐山麓，堂前有溪，仿其乡里濂溪之名，命名为濂溪书堂。晚年的他定居于此，后人称其为濂溪先生。周敦颐曾在合州做官四年，政绩显著，颇有声望。今有《濂溪集》传世。朱熹在《伊洛渊源录》中称周敦颐为理学开山大师。魏了翁则称周敦颐为“嗣往圣，开来哲，发天理，正人心，使孔孟绝学独盛于本朝，而超出乎百代，功用所系，治理所关，诚为不小”。周敦颐的宇宙观、人性论、道德论、教育论、政治论等，都体现在他所提出的无极、太极、阴阳、五行、动静、性命、善恶等概念中，为日后的理学家所反复讨论和发挥。

二程，即程颢、程颐。程颢（1032—1085），后人称明道先生。程颢在《明道先生行状》中说，自孟子死后的一千年，圣人之学不传。程颢“得不传之学于遗经，以兴起斯文为己任，辨异端，辟邪说，使圣人之道焕然复明于世，盖自孟子之后，一人而已”。

程颐（1033—1107），后人称为伊川先生，我们熟知的“程门立雪”，主人公之一就是他。程颐曾入京师国子监读书。司马光在洛阳修《资治通鉴》时，也曾与他讨论过唐代的问题。程颐一生大部分时间都用于著书立说，讲学授徒。由于他和程颢都是洛阳人，因此他们的学说被称为“洛学”。

在二程的思想体系中，“理”是最高的范畴。但“理”有着不同的含义，比如理是世界万事万物存在的根据，是独立于世界万物而存在的；理是道德伦理的准则和原理；理为自然之理或事物的规律，等等。

张载（1022—1077），凤翔郿县（今陕西宝鸡眉县横渠镇）人，因此又称“横渠先生”。张载曾与二程讨论《易》，还做过几任地方官，主要著作为《正蒙》。张载一生致力于学问，他的学风有着显著的特点，一是比较注重实际，重视对自然的探讨；二是比较重视创新。

他的名言“为天地立心，为生民立命，为往圣继绝学，为万世开太平”，被称为“横渠四句”，今天仍有感发人心的力量。张载的思想在中国学术思想史上占有重要地位，他创立的“关学”在关中地区颇有影响。

可以说，这四个人是北宋理学的奠基者和创始人。他们各人有自己的理论创见和某一方面的独特贡献，但是，又都不足以独自支撑起整个理学的大厦。如果把他们的学说加以整合，那么理学大厦的基本架构就建立起来了。其实，北宋时期，为理学的建构作出贡献的并不止这四个人，但朱熹、吕祖谦之所以只选这四个人的学说，有一个重要的原因，就是在他们二人眼中，“北宋四子”的思想理论比较纯净而不驳杂。当时，很多学者受到佛学的影响，在自己的思想学说中或多或少地掺杂了佛学的因素，而这一点是朱熹所不能认同的。《近思录》卷十三专门讨论了“佛老”，为的是指出理学与佛、道之学在理论和哲学上的根本分歧。

编纂过程及主要内容

从编纂时间上说，《近思录》在“旬日”间便完成了。朱熹、吕祖谦二人在这么短的时间内就编成了这部书，并不意味着他们二人是率尔操觚，草草了事，反而说明他们对“四子”之书已经烂熟于心，完全掌握了“四子”思想的精华。貌似偶然兴至、轻易从事，实则经过了长期的积累和充分的准备。朱熹和吕祖谦时当中年，学术思想已经成熟，成为引领学术风气的重要人物。且朱、吕二人为讲友，经常就理学问题切磋交流，从而对诸家思想学说有着深刻的理解，并开始对理学进行系统的总结和全面的反思。应该说，《近思录》是二人“温故”而“知新”之作，体现了他们深厚的理学学养。朱熹对这部书十分满意，赞誉有加，说：“修身大法，《小学》备矣；义理精微，《近思录》详之。”“《近思录》一书，无不切人身、救人病者。”又说：“《近思录》好看。”

《近思录》的成功，还体现在它的编选具有严密的内在逻辑性，由此可以体现朱、吕二人编纂理念的体大思精。《近思录》各卷之间，以及每一卷内部各条目的先后顺序之间存在着严密的逻辑关系，历史上不少注家如宋代的叶采，清代的茅星来、张伯行等都已注意到这一关键问题并且有过论述。其中尤以最早注解该书的叶采

《近思录集解》所论最为精当。叶采在《近思录》各卷前撰有一小序，此序称得上是《近思录》的“提要”与阅读指南。换言之，在阅读《近思录》前，若先细读叶采的序，将对理解《近思录》大有助益。

从内容来看，十四卷《近思录》各有侧重，体现了理学各方面的思想。

第一卷，道体。主要是讲理学的哲学依据。南宋后期著名理学家叶采说：“此卷论性之本原、道之体统，盖学问之纲领也。”

第二卷，为学大要。主要讲为学的目的、方法与路径，就是如何学习“道”，如何成为君子。

第三卷，格物穷理。主要阐述《大学》八条目中“格物”“致知”的问题。叶采把这卷题为“致知”，是说如何通过研读儒家经典来求道和明道。

第四卷，存养。主要是讲理学的修养论与功夫论。

第五卷，改过迁善、克己复礼。叶采把这一卷题为“克治”。就是说，明白了道理还要付诸实践，而“改过迁善，克己复礼”就是“力行”。

第六卷，齐家之道。“齐家”也是《大学》八条目中的一条。叶采题为“家道”，主要讲齐家之道。

第七卷，出处、进退、辞受之义。是说人进入社会以后，待人接物、为官居家应遵循的准则。

第八卷，治国平天下之道。“治国”“平天下”也在《大学》八条目中。叶采题为“治体”，曰“此卷论治道”，即治理国家之道。

第九卷，制度。叶采题为“治法”，是讲国家的礼、乐、刑、政等制度。

第十卷，处事之方。主要讲从政处事之道。叶采题为“政事”，曰：“凡居官任职，事上抚下，待同列，选贤才，处世之道具焉。”

第十一卷，教学之道。顾名思义，这一卷讲的是如何教学。

第十二卷，改过及人心疵病。叶采题为“警戒”，曰：“此卷论戒谨之道。修己治人，常当存警省之意，不然则私欲易萌，善日消而恶日积矣。”

第十三卷，异端之学。这一卷的主旨在于辨明“四子”所认为的异端邪说，遏制其可能的危害。

第十四卷，圣贤气象。这一卷的主旨在于表彰历代圣贤相传的道统，以及他们所表现出来的精神气度，为学者们树立可供学习的榜样。

《近思录》这部书将周敦颐、程颢、程颐、张载并列为理学正宗，推尊周敦颐为开山人物，突出二程的核心地位，由此建构出早期理学的发展格局。书中荟萃周、张、二程诸人的精要论说，涵盖理学的核心命题和重要概念，由此确立了理学的话语模式和理论体系。这都出于编选者的整体思考和缜密建构，改变了理学传授散漫无统、各自为说的现状，为初学者指明了入门途径。

现代价值

《近思录》作为理学入门书，备受后世学者的推崇和重视，被尊奉为“圣贤传心明道之要法，学者造道成德之大端”，历代注释之作层出不穷，续补仿编之作也蔚为大观。有学者统计，《近思录》注家约有三十人，续补仿编者三十四人、七十余种，总体数量达百种以上。它们不仅阐发各自对《近思录》的认识和理解，而且补入后世重要理学家的思想资料。合而观之，则形成脉络相承的文本体系，反映了《近思录》的经典化历程，并且直观呈现了程朱理学发展演变的脉络主线。

《近思录》对后世的影响是极为深远的，以至成为理学的标志和象征，直到近代仍被一些有识之士所看重。比如清代有一部《近思录》的重要注本，是嘉庆朝状元陈沆的《近思录补注》。陈沆与魏源关系极为密切，这部书是在魏源的协助下完成的，该书原稿上有很多魏源的批注。结合相关文献资料来看，魏源对《近思录》用功很深，不仅对其思想内容多有精辟见解，而且有改编和注释《近思录》的具体设想。由此可知，魏源这位近代“开眼看世界”的先行者，在接受西方新事物新思想的同时，对《近思录》仍然保持着浓厚的兴趣。又如，洋务运动的干将、清廷的驻外公使郭嵩焘，对于《近思录》“浏览所及四十余年”，“前后四次加注”。郭氏在光绪初年出使英法，开始全面接触和深入了解西方文化，但在此期间他并未中断对《近思录》的研究，而其注文也多能联系日常时事，或抨击世风之弊，或感慨时政之患。可见在变法图强的历史背景下，《近思录》仍有可资借鉴的价值。

今天，《近思录》中蕴含的很多思想对我们仍有启发意义。

首先，关于家教问题，书中提出应该把握好理与情的关系，在严格遵循伦理规范的基础上，辅以家庭情感。唯有如此，才能“家道以正，家运以兴”。每个父母都十分疼爱自己的孩子，这是人之常情，但疼爱不等于溺爱，从古至今，父母因为溺爱孩子而抛弃原则甚至丧失底线的事并不罕见。该如何把握理与情的平衡以防家长掉入溺爱孩子的窠臼，导致情胜理之误呢？《齐家之道》提出：

> 惟刚立之人，则能不以私爱失其正理。

又说：

> 《家人》上九爻辞，谓治家当有威严。而夫子又复戒云：“当先严其身也。”威严不先行于己，则人怨而不服。

这是进一步指出，治家固然需要刚正循理，不可因私废理，但家长在循理之前，首先要严格要求自己，如此，孩子才能心服口服，不会将家长的训诫视为苛责而产生怨恨。

其次，关于修身，书中提出了多方面的要求。比如，书中明确提出改过迁善，主要有两层含义，一是要勇于改过；二是要及时、彻底，即“不远复”和“纤恶必除”。只有把两层含义全部实现，才能相得益彰，达到迁善的目的。该书卷五说：

> 濂溪先生曰：君子乾乾不息于诚，然必惩忿窒欲，迁善改过而后至。

就是说君子要想达到诚的境界，就必须抑制自己的愤懑和私欲，一心向善，勇于改过。同卷又说：“见贤便思齐，有为者亦若是；见不贤而内自省，盖莫不在己。”说的是要善于从别人的贤德良能处汲取经验，又能以别人的过失不足为鉴来警醒自身。这实际上是继承了孔子的话：“见贤思齐焉，见不贤而内自省也。”书中还说要“矫轻警惰”，就是要求人应该矫正轻浮的习气，警惕懒惰的习惯。

此外，像“民胞物与”，彰显出了中华文化的博大情怀，有益于推动人类社会的和谐发展。还有很多传颂不衰的格言隽语和成语典故，体现出中华民族的传统美德和精神气度，是我们坚持文化自信的重要思想资源。当然，《近思录》中也有些过时的内容，这是我们在阅读时需要注意的。

总之，《近思录》虽然是时代较晚的选辑之书，但这部书串起了理学史的历史脉络，映画出一幅程朱理学思想史的学术长卷，就其实际的流传及影响而言，已经具有文化原典的意义，相较于先秦经典而毫不逊色。南宋学者叶采推崇其为“我宋之一经”。梁启超将此书列入国学入门书目，认为“读此书可见程朱一派之理学其内容如何”。而且，《近思录》很早就传播到了朝鲜半岛和日本，不但多次被翻刻重印，而且出现了很多研究论著。这充分说明，《近思录》的影响早已超越中国本土，成为东亚文明的共同经典。

经典诵读：《近思录》选读

伊川先生曰：“喜怒哀乐之未发，谓之中。”中也者，言“寂然不动者”也，故曰“天下之大本”。“发而皆中节谓之和。”和也者，言“感而遂通”者也。故曰“天下之达道”。（卷一《道体》）

程颐说："喜怒哀乐没有发动的时候，无所偏倚，因此称为中。"什么是"中"呢？是说它的本体"寂然不动"的状态，所以说"中"是"天下万事万物之理"。"喜怒哀乐的表现都能符合天理，无所乖戾，则称为和。"什么是"和"呢？是说它"感应和发动都能通融无碍"。所以说"和"是"天下都遵循的道理"。

或问："圣人之门，其徒三千，独称颜子为好学。夫《诗》《书》、六艺，三千子非不习而通也，然则颜子所独好者何学也？"

伊川先生曰："学以至圣人之道也。"

"圣人可学而欤？"曰："然。"

"学之道如何？"曰："天地储精，得五行之秀者为人。其本也真而静，其未发也五性具焉，曰仁、义、礼、智、信。形既生矣，外物触其形而动其中矣。其中动而七情出焉，曰喜、怒、哀、乐、爱、恶、欲。情既炽而益荡，其性凿矣。是故觉者约其情使合于中，正其心，养其性。愚者则不知制之，纵其情而至于邪僻，梏其性而亡之。然学之道，必先明诸心，知所往，然后力

行以求至……”(卷二《为学大要》)

有人问：“孔子门徒有三千之多，为什么唯独认为颜回好学呢？《诗》《书》和六艺这些内容，三千弟子并非不经过学习就能通晓，为什么只认为颜回好学呢？”

程颐回答说：“颜回学的是怎么做圣人。”

“圣人是可以通过学习做到的吗？”回答说：“是的。”

“那么，学习的方法是什么呢？”回答说：“天地储存精气，吸收了金、木、水、火、土这五行的精华就形成人。人的本性是真诚而虚静的，人性尚未引发的时候，仁义礼智信这五性也都存在。人在形体生成之后，外物对人有所触动就会引起人心的感应，就使人产生喜、怒、哀、乐、爱、恶、欲这七情。这七情炽热起来就会更加泛滥，就将对人性造成损害。因此，明智的人会约束自己的七情，使它们符合中庸之道，会端正自己的心性，涵养自己的性情。愚笨的人则不知道节制，放纵自己的性情，以致走向邪僻，这是湮灭了自己的本性，最终导致本性消亡。所以要了解学习的方法，一定要先明白自己的心性，知道自己的目标，然后通过努力实践而去实现……”

二十二 《明夷待访录》：黄宗羲的政治理想图景

《明夷待访录》是中国政治思想史上的一部名著。这部书对三代以后，尤其是明代的政治文化和政治制度进行了深刻反思，并且在对儒家政治理想进行重新阐释的基础之上，提出了新的制度构想，是中国古代政治学说的最高成就之一。它不仅引起过学者的兴趣，更曾被引用参与到近代中国的实际政治进程之中。

黄宗羲略历及成书经历

《明夷待访录》的作者黄宗羲，字太冲，号南雷，世称梨洲先生，浙江余姚人，生于明万历三十八年（1610），卒于清康熙三十四年（1695），得年八十六岁。黄宗羲的一生，正值明末清初这个剧烈变动的特殊时代，而他又往往处于时代旋涡的中心，亲身参与过许多重大的历史进程，无论是政治作为还是思想著述，都带着那段历史的鲜明印记，因此他的生命极富光彩，完全有资格成为17世纪中国的代表人物。

黄宗羲在晚年曾这样总结自己的一生："初锢之为党人，继指之为游侠，终厕之于儒林。"入清以后，随着明朝复国的希望越来越渺茫，黄宗羲逐渐潜心学问，著书数十种，在很多领域都有极高的成就。在刚刚开始著述生涯的时候，黄宗羲首先要做的就是检讨明朝灭亡的原因。顺治十八年（1661），他写了《留书》，康熙元年（1662）起，他删去《留书》中比较激烈的部分，又加以大幅扩充，次年完成，这就是《明夷待访录》。

《明夷待访录》共有十三篇，最受后人瞩目的是前五篇（即《原君》《原臣》《原法》《置相》《学校》）。这五篇互相支撑，浑然一体，是一套基本完整的制度设计，所体现的是黄宗羲复兴原始儒家政治理想的努力。概括起来，这种政治理想大致包含如下方面：第一，权力来源于社会管理的需要；第二，士大夫是社会治理的中坚阶层；第三，社会应在儒家伦理原则的轨道上运行，并由士大夫负责保证。

其余诸篇，系针对明代政治的弊病，提出具体的改革方案。《取士》是科举改革的蓝图，主张考试和人员的任用都应当多样化，应以实用为取士用士的准则；《田制》论述土地制度的改革，认为可以通过土地分等、实物征税、简化税种等途径，达到减轻百姓负担的目的；《兵制》是军事改革方案，主旨是兵民合一；《财计》讨论金融和财政问题，主张废除金银、辅用纸钞；《胥吏》

针对明代的胥吏之害，主张任用文人为吏，打破官与吏之间的身份壁垒；等等。

待访录，“待”谁人之“访”

明代自万历以后，由于城市经济的发展和社会文化的繁荣，再加上传教士所带来的西方文化的输入，历史呈现出许多不同于传统的新特征。在思想领域，阳明之学传衍流行，在阳明后学中广泛出现了肯定私利和欲望的思潮，对以程朱理学为主的正统意识构成巨大挑战；在经济领域，工商业空前发展，私人占有的财富大量增加，引发了社会矛盾；在政治领域，一方面宦官成为政治的毒瘤，另一方面，官僚士大夫乃至在野文人的政治热情持续高涨，双方彼此角力，晚明政坛给人以十分焦虑而紧张的感觉。

在晚明这样一个“光怪陆离”的时代，几乎各个领域都出现了杰出的人物，风气似乎也十分自由，社会成了各式思潮和人物表演的大舞台。这样，入清以后对明亡进行反思的思想家就同时面临着双重的任务：一是剖析明代政治的弊病，提出良好政治的新标准；二是回答晚明提出的新问题，重构社会秩序。这就是《明夷待访录》所面对和试图解决的问题。

“明夷”是《周易》的第三十六卦，卦象坤上离下，孔颖达疏：“夷者，伤也”，意思是光明受到了挫折和压制。《序卦》又说“明夷，利艰贞”，是说君子在面对明夷的境况之时，应当“知艰难而不失其贞正”（程颐《伊川易传》）。“待访”的说法则来源于周武王访问殷商遗臣箕子，箕子陈述了治国的方略而为武王所接受。

本书既名“待访录”，那么作者究竟想要“待”谁人之“访”，立刻就成为一个问题。一种说法认为，身为明遗民的黄宗羲，其实是在等待着清朝君主的来访。这种看法由来已久，乾隆时候的全祖望表示过赞同，后来章太炎、陈寅恪等也持此说。另外一些学者，如梁启超等，则认为《明夷待访录》是为“代清而兴”者设法，作者所等待的是盼望中的清朝之后的王者。还有一些学者推进了梁启超的推测，并将“代清而兴”者具体为郑成功，等等。种种说法，不一而足。

黄宗羲在写作《明夷待访录》的时候，根据胡翰“十二运”的说法，认为二十年后将会迎来治世，而且是孔子之后的第一个治世，可望恢复“三代之盛”，他的这部书正可作为治世的为政纲领，起到与箕子为周室陈述大法相同的作用。对于“十二运”，黄宗羲恐怕也是宁愿信其有的态度，总之是渴盼太平盛世的来临，未来的治世要取消战国秦汉以来的弊政，实现儒家的社会与政治理想，至于创造这个治世的人物具体为谁，其实并不重要。对于《明夷待访录》这样的作品，我们能够领悟到作者在乱世中期待善治、在困境中发愤著书的苦心孤诣即可，似乎不必执着于类似“《明夷待访录》的写作动机”这种聚讼不已的问题。

现代价值

《明夷待访录》在清末之前流传不广。梁启超曾说此书在乾隆时被列为禁书，但是现存的几种禁毁书目里面都没有著录，大概是他误记了。

到了晚清，随着政治改革的讨论日益公开并逐渐成为朝野上下的中心议题，《明夷待访录》也渐渐进入人们的视野。较早的如郑观应《盛世危言》就有《原君》《学校》等篇目，议论虽不尽与黄宗羲相同，但受到《明夷待访录》的影响则是肯定的。此后的维新派如康有为、梁启超，革命家如孙中山、陈天华，乃至清朝大臣如张之洞等都对这部书称扬有加。尤为重要的是，它不但在政治思想史上起过催化的作用，而且还被应用到实际的政治实践当中，成了新型政治理念的宣传品。梁启超说他们在鼓吹维新的时候曾经将《明夷待访录》节抄散发，孙中山领导下的革命党人也曾印送《原君》《原臣》等篇推动革命。

正因为《明夷待访录》在近代史上如此风行，人们对它的理解和定位简直是五花八门，争论至今未息。学术界较为流行的观点有两种，一种认为它具有“近代”或者“启蒙”的色彩，一种则认为它虽有思想上的突破，但是仍在儒家所允许的范围之内。

这两种观点看似针锋相对，但究其实都暗含着一个前提，那就是历史应当朝着我们今天所见到的“现代”发展，而“现代”和“传统”又是截然不同的两种社会，只有突破了传统，才有可能到达现代。上述两种观点的区别，只是在于《明夷待访录》处于从传统到现代的什么位置：是仍然停留在传统之中，还是已经开始过渡到现代。说到底，都是在“现代化”的坐标系里打转转，而这个所谓的“现代化”，又是以西方的历史经验为标准的。今天我们再来读这本书，大可不必受各式概念、理论和框架的束缚，尤其不必戴着西方眼镜，来观察这部地地道道的“中国作品”。

黄宗羲不是儒家的叛逆者，亦非孤立出现的思想界“彗星”，《明夷待访录》明显地有着孟子、苏洵、方孝孺等人的思想痕迹，与作者约略属于同一时代的顾炎武、王夫之、唐甄、李三才、魏禧等人都曾提出过与《明夷待访录》相近似的许多观点，所以黄宗羲只是灿若群星的古代思想家中较为明亮的一颗，既无所谓“突破传统”，也无所谓“走向近代”。黄宗羲对于政治问题的思考，来源于儒家的三代理想，而原始儒家的政治观念，自然也以政府的良好运转、社会的秩序稳定、人民的生活富足为目标。

经典诵读：《明夷待访录》选读

有人焉，视于无形，听于无声，以事其君，可谓之臣乎？曰：否！杀其身以事其君，可谓之臣乎？曰：否！夫视于无形，听于无声，资于事父也；杀其身者，无私之极则也。而犹不足以当之，则臣道如何而后可？

曰：缘夫天下之大，非一人之所能治，而分治之以群工。故我之出而仕也，为天下，非为君也；为万民，非为一姓也。吾以天下万民起见，非其道，即君以形声强我，未之敢从也，况于无形无声乎！非其道，即立身于其朝，未之敢许也，况于杀其身乎！不然，而以君之一身一姓起见，君有无形无声之嗜欲，吾从而视之听之，此宦官宫妾之心也；君为己死而为己亡，吾从而死之亡之，此其私昵者之事也。是乃臣不臣之辨也。

…………

盖天下之治乱，不在一姓之兴亡，而在万民之忧乐。是故桀、纣之亡，乃所以为治也；秦政、蒙古之兴，乃所以为乱也；晋、宋、齐、梁之兴亡，无与于治乱者也。为臣者轻视斯民之水火，即能辅君而兴，从君而亡，其于臣道固未尝不背也。夫治天下犹曳大木然，前者唱邪，后者唱许。君与臣，共曳木之人也，若手不执绋，足不履地，曳木者唯娱笑于曳木者之前，从曳木者以为良，而曳木之职荒矣。

…………

或曰：臣不与子并称乎？曰：非也。父子一气，子分父之身而为身。故孝子虽异身，而能日近其气，久之无不通矣；不孝之子，分身而后，日远日疏，久之而气不相似矣。君臣之名，从天下而有之者也。吾无天下之责，则吾在君为路人。出而仕于君也，不以天下为事，则君之仆妾也；以天下为事，则君之师友也。夫然，谓之臣，其名累变，夫父子固不可变者也。(《原臣》)

如果在君主还没有说话或者现出表情之前，就已经明白了君主的意思，能够这样侍奉君主的人，可以叫作“臣”吗？答案是：不能。如果能够牺牲自己的性命来侍奉君主，这样的人可以叫作“臣”吗？答案是：不能。可是，在对方还没有说话或者现出表情之前就明白了他的意思，这是儿女侍奉父亲的态度；能够牺牲自己的性命，这是无私的最高程度，就连这样都还算不上是“臣”，那么到底怎样才算是做“臣”的道理呢？据我看，因为天下之大，并非一个人所能统治，而由群臣分别治理，因此人臣之所以出仕为官，为的是天下，而不是君主一人；为的是民众，而不是君主一家。为天下万民起见，如果是做不合理的事情，即使君主用明确的语言和表情强迫我，我也不敢听从，更何况还没有现出辞色。如果是做不合理的事情，即使让我在朝堂之上做官，我也不敢答应，更何况是献出自己的性命。如果不这样想，而是为了君主一人一家起见，那么君主有些还没有表现出来的私欲，我也要先去揣摩逢迎，那是宦官和宫女的心理；君主为了自己私利死掉，我也要跟着死掉，那是君主宠爱亲近之人的态度，都不是“臣”应该做的事情。算不算得上真正的“臣”，其区别就在这里。

…………

天下的治乱，不在于某个君主的兴亡，而在于民众安乐与否。所以夏桀、商纣虽然灭亡，那却是天下安定的开始；秦始皇、蒙古的兴起，却会导致天下大乱；至于晋、齐、宋、梁这些短命王朝的兴亡，根本就影响不到天下的治乱。做人臣的如果不把人民的灾难困苦当成一回事，即使能够辅佐君主取得天下，或者跟随君主一同牺牲，也是对为臣之道的背离。治理天下就像拖拽大木料一样，前后呼应，共同努力。君主和臣下就是共同拖拽木料的人，如果有人手里没有绳索，脚也不踏稳土地，只顾在别的认真干活的人面前嬉戏玩笑，那些跟着拉木料的人还觉得这样挺好，那么拉木头的工作也就荒废了。

…………

有人说，臣与子不是并称为“臣子”吗？我说，不是这回事。父亲与儿子本来同出一气，儿子的身体本是从父亲那里分来，所以孝顺的儿子虽然和父亲是两个人，但是每天接近父亲的气，久而久之就可声气相通；不孝的儿子，从父亲那里分出身体以后，与父亲越来越疏远，久而久之，气质就不相似了。君主和臣下的名分，是为了天下才产生的，如果我没有治理天下的责任，那么对我来说，君主就如同陌路之人。出仕做官，如果不把天下当作自己的职责，那就是君主的仆人婢女；如果把天下当作自己的职责，那就是君主的老师朋友，这样的才能叫作“臣”。具体叫作什么，是根据自我期许不断变化的，而父子之间的名义则是永远无法改变的。

二十三 《呻吟语》：一部人生的百科全书

吕坤是晚明时期著名的文学家、思想家，他刚正不阿、为官清廉，与沈鲤、郭正域被誉为明万历年间天下“三大贤”，他的思想对后世有着较大影响。吕坤一生著作颇丰，内容涉及政治、经济、刑法、军事、水利、教育、音韵、医学等各个方面，其中《呻吟语》是其代表作之一。

吕坤行历

吕坤，河南宁陵人，字叔简，号新吾，自称抱独居士。他的一生经历了嘉靖、隆庆、万历三朝，这三朝正是明朝走向衰败的时期。有学者概括这个时期的时代特征是明王朝表面虽似稳定，但乱象已萌：皇帝荒怠朝政，肆意聚敛财富，大兴土木，税使四出，市民不堪搜刮骚扰，抗议迭起；农民赋役沉重，无衣无食，一遇荒年，四处流亡；士卒粮饷微薄，常被克扣，长官驱之如奴仆，愤懑至极，每有哗变；朝政怠弛，党派纷争，太监操权，厂卫横行。整个时局正如吕坤形容的那样：“民心如实炮，捻一点而烈焰震天；国势如溃瓜，手一动而流液满地矣。”

生活在这个时代的吕坤，意志没有消沉，更不攀附权贵，不与他们同流合污；他有着自己的志向和理想，显示出一位知识分子的责任和担当。

吕坤自幼聪明好学，“离襁褓即不与群儿嬉戏。初读书，苦训诂。家言杂乱，乃一切弃置，默坐澄心，体认本旨，久之了悟。年十五,五经皆通”。嘉靖四十年（1561），吕坤中举人，万历初中进士，授山西襄垣知县。上任后，他表现出务实、为民的作风，不仅设法修筑毁坏的堤坝，防止了水患，而且设“学田”，请学识较高者向百姓讲解经典，普及教育。仅仅过了几个月的时间，当地就政通人和。后来，吕坤又调任大同令，他除暴安良，秉公执法，时人赞叹说：“天下第一不受请托者，无如大同令也。”因为政绩卓著，吕坤升任吏部主事。在吏部期间，他兢兢业业地工作。按照当时官员升迁的规定，吕坤任满应该转为京堂（即衙门的长官），但他为官期间不附权贵，因而遭到权贵们的忌恨和排挤，最后不得不离开京城，任山东参政，分守济南。面对这个不公正的待遇，吕坤泰然处之，他认为：“学者通籍以来，无往非行义之日，何必京堂哉！”去山东时，他不扰民，不惊动地方官员，而是自己乘车到任所。当时，正赶上山东地区闹饥荒，吕坤从百姓利益出发，建议低价卖粮，暂缓征收租税，还创设冬生院以恤残疾。山东境内的泰山，香火云集，一些奸民装扮成道士，向进香者索取钱财。吕坤发觉此事，对这些奸民进行了严惩，“狂诞顿息”。

吕坤治理有方，得到了朝廷的赏识，职位连续提升。从山西按察使，到山西巡抚，又到都察院佥都御史、协理院事，再到刑部右侍郎，不久转为刑部左侍郎。对于为官之道，吕坤认为：吏治无良，未有不自大吏始者。凡事皆自责自任，馈、遗、赎、羡尽杜绝之。也就是说，要做一个真正的好官，必须严格自律，清正廉洁。吕坤是这样说的，也是这样做的。

万历二十五年（1597），面对日益显现的社会危机，时任刑部侍郎、年过六十的吕坤上《忧危疏》，陈述天下安危，劝神宗皇帝要励精图治，言辞慷慨激昂，忧国忧民之情溢于言表。奏疏首先分析了天下的形势，指出：“今天下之势，乱象已形，而乱势未动。天下之人，乱心已萌，而乱人未倡。”同时把矛头指向朝廷：“今日之政，皆播乱机使之动，助乱人使之倡者也。”而自己写这篇奏疏的目的就是要“救时要务，为陛下陈之”。在奏疏中，吕坤提出：“自古幸乱之民有四，一曰无聊之民……二曰无行之民……三曰邪说之民……四曰不轨之民。”要想使民心思安，社会安定，作为皇帝就要“约己爱人，损上益下，则四民皆赤子，否则悉为寇仇”。在言及采矿一事时，他说：“朝廷得一金，郡县费千倍。”他还向朝廷发出“举朝无犯颜逆耳之人，快在一时，忧贻他日”的警告。在边防上，吕坤也高瞻远瞩，他提出：“倘倭夷取而有之，籍众为兵，就地资食，进则断我漕运，退则窥我辽东。不及一年，京城坐困，此国家大忧也。”奏疏中还提到“抄没法重，株连数多”的问题：“诬以多赃，则互连亲识。宅一封而鸡豚大半饿死，人一出则亲戚不敢藏留。加以官吏法严，兵番搜苦，少年妇女，亦令解衣。臣曾见之，掩目酸鼻。”吕坤甚至对万历皇帝严加指责：“陛下不视朝久，人心懈弛已极，奸邪窥伺已深，守卫官军只应故事。……章奏不答，先朝未有。”对此，他劝谏皇帝要体察民情，减少税收，执法公正，广纳贤才，明辨忠奸，勤于政事，这样则“人心自悦，天意自回”，社会矛盾和危机也就能解决了。

应该说，这篇奏疏全面而深刻、一针见血地指出了当时明朝的弊政，体现了吕坤的忧患意识和责任担当。然而，他生不逢时，当时的万历皇帝懒于朝政，大臣又因循守旧，这份奏疏交上之后便石沉大海，没有得到皇帝的任何批复。但令吕坤想不到的是，正是这篇奏疏，成为别人攻击、诬陷他的口实。无奈之下，吕坤只得“称疾乞休”。万历皇帝虽然不偏信那些诬陷之词，但也没有对吕坤进行挽留，为官二十余年的老臣就这样告老还乡了。

吕坤回家后，吏部尚书孙丕扬多次向朝廷保举他，在推荐书中，孙丕扬甚至说：“臣以八十老臣保坤，冀臣得亲见用坤之效。不效，甘坐失举之罪，死且无憾。”但结果是“丕扬前后推荐，疏至二十余上，帝终不纳”。吕坤，一个忧国忧民、勤于政事的栋梁之才，就这样被朝廷放弃了，晚明时期政治的腐败于此可见一斑。

在家乡的吕坤，杜门谢客，授徒讲学，整理著作。他的文章见解新颖而深刻，加上多年的官场经历，更使他感悟颇多，有论述真切、体用一致的特点。

主要内容和特点：病时疾痛语

《呻吟语》是吕坤用三十春秋，沥万般心血而成的一部经典著作。这部书尽述了吕坤的人生体验、思想取向和为人修身的标准。

这部书为什么取“呻吟”二字为名呢？吕坤在《呻吟语·原序》中说：

> 呻吟，病声也。呻吟语，病时疾痛语也。病中疾痛，惟病者知，难与他人道，亦惟病时觉，既愈，旋复忘也。

吕坤记录下这些“病时疾痛语”的目的，是为了让人们记住病时的痛苦，寻找出治病的良方。所以，《原序》中又说：

> 医病者见子呻吟，起将死病；同病者见子呻吟，医各有病；未病者见子呻吟，谨未然病。

当然，这里的“病”并非人身体的头疼脑热，而是百姓之病、社会之病、国家之病、统治者之病。作者吕坤在官场多年，耳闻目睹了许多事情，深知当时的弊病，这本书是他针对病入膏肓的明王朝而作，忧国忧民之情溢于言表。

《呻吟语》全书共六卷，前三卷为内篇，后三卷为外篇，用性命、存心、伦理、谈道、修身、问学、应务、养生、天地、世运、圣贤、品藻、治道、人情、物理、广喻、词章十七个主题，阐述了吕坤对人生和世情的观察、思考、认识和探索，充满了睿智的哲理、真情的感悟和对真理的不懈追求，为后人在启迪心扉、品味人生、规范道德、指导实践方面提供了借鉴，被称为“人生的百科全书”。

这本书涵盖的内容十分广泛，对今天的我们仍有启发意义。

第一，在修身养性方面，《呻吟语》中说：

> 情欲不可使赢余，故其取数也常少，曰：“谨言”，曰：“慎行”，曰：“约己”，曰：“清心”，曰：“节饮食、寡嗜欲。”（卷一《性命》）

吕坤不同意程朱理学所说的“存天理，灭人欲”，而是承认人欲望的合理性，但是他提醒人们对待情欲要适度，要有节制，不可肆意泛滥。如果一个人行为放纵，不以道德规范来约束自己，就会做出伤害他人、危害社会的事。所以，吕坤提出“谨言”“慎行”“约己”三个词，就是要求一个人在为人处世的时候要严于律己、小心谨慎，做到“己所不欲，勿施于人”，不因一时的个人利益而损害国家和百姓的利益。由此，书中进一步说道：

深沉厚重是第一等资质，磊落豪雄是第二等资质，聪明才辩是第三等资质。（卷一《性命》）

面对外部事物的诱惑，《呻吟语》中说：

心要如天平，称物时物忙而衡不忙，物去时即悬空在此，只恁静虚中正，何等自在。（卷一《存心》）

面对纷纷扰扰的诱惑，很多人费尽脑汁和心力地去追求，不仅活得累，更会做出不守规矩的事来，最终吃亏的还是自己。吕坤提出人一定要有一颗平常心，要平静地面对功名利禄，才能活得潇洒和坦然。这个论述实际是对孟子“富贵不能淫，贫贱不能移，威武不能屈”之大丈夫精神的进一步阐释。在处理人与人之间的关系时，《呻吟语》中说：

> 自家好处掩藏几分，这是涵蓄以养深。别人不好处要掩藏几分，这是浑厚以养大。（卷一《存心》）

对待自己的优点要谦虚几分，这样才不至于给人傲慢之感；对待别人的缺点则要掩饰几分，不要到处宣扬，这样既给对方留有面子，又显示了自己的道德修养和开阔胸襟。

第二，在伦理道德方面，吕坤论述了家庭与自我、家长与修养、身心与外物、闻道与幸福、欲望与烦恼之间的关系。在家长与修养的关系方面，《呻吟语》中说：

> 一家之中，要看得尊长尊，则家治。若看得尊长不尊，如何齐他？得其要在尊长自修。（卷一

《伦理》）

一个家庭，首先要长幼有序，晚辈要尊重长辈，这样家庭才能治理好，才能和睦安宁。“得其要在尊长自修”这句话是点睛之笔，它强调了家长的表率和榜样作用。家长是孩子的第一任老师，家长的谈吐、气质、行为直接影响着孩子的成长和发展。要想让孩子健康成长，家长必须以身作则，在孩子面前树立榜样，真正做到言传身教。治家如此，治国同样是这个道理。正如孔子所说：“政者，正也。子帅以正，孰敢不正？”为政者只有端正自己的品行，处处以百姓利益为重，多替百姓着想，才能赢得百姓的信任，使民风淳厚，而百姓则会主动提高修养和素质，从而实现社会的稳定和谐。所以，治国、平天下的基础还在于正己、修身。

第三，在为人处世方面，《呻吟语》中说：

> 人生天地间，要做有益于世底（的）人。纵没这心肠、这本事，也休作有损于世底（的）人。（卷二《修身》）

这句话颇有深意，一个人不可以自我为中心，而要做对他人、对社会有益的事；纵然做不到以天下为己任，也不能做一个损人利己的庸俗之人。那么，做人应该达到什么境界呢？吕坤说：

士君子只求四真：真心，真口，真耳，真眼。真心无妄念，真口无杂语，真耳无邪闻，真眼无错识。（卷二《修身》）

“真”是做人的标准，就是要内心坦荡，分清什么是正、什么是邪，什么是真实、什么是虚妄，用一颗真心来对待一切人和事。在处理事情时，则要从容不迫、心平气和，冷静地思考，寻找解决问题的突破口，切忌急躁。吕坤说“安详是处事第一法”（卷一《存心》），而“卤莽径直，是处事大病痛”（卷三《应务》），并且“当急遽冗杂时，只不动火，则神有余而不劳，事从容而就理。一动火，种种都不济”（卷三《应务》）。他还强调：

“心平气和”，此四字非涵养不能做，工夫只在个定火。火定则百物兼照，万事得理。（卷一

《存心》）

要做到遇事沉着冷静、心平气和，就要有深厚的涵养，这是一个人需要不断练就的能力。

《呻吟语》一书的特点主要体现在它的体裁上。此书是一部箴言体小品文集。箴言体的要义在于精辟凝练地表达作者的思想，但又不能讳莫如深，这对作者来说，无疑是莫大的考验。因此，《呻吟语》的成功与吕坤的学识和文学素养是分不开的。全书没有长篇的说教，没有拖泥带水的铺陈，有的是由一小段一小段的独立感悟组成的言简意赅且生动平实的箴言警句。比如卷一《谈道》说：

> 公生明，诚生明，从容生明。公生明者，不蔽于私也；诚生明者，清虚所通也；从容生明者，不淆于感也。舍是无明道矣。

几十个字就指出了大公无私、诚实、从容不迫的处事道理，读者理解起来不会感到吃力，更可以清晰地把握作者的思想和主旨。

民本思想影响深远

在《呻吟语》中，吕坤以他丰富的社会阅历和敏锐的洞察力，通过对自然、社会和人情的观察与思考，提出了许多颇有创见而切合实际的观点，充满了哲理性。书中含有的民本思想是吕坤思想学说中的一个重要内容，是吕坤心怀国家大事、忧国忧民的反映。

首先，吕坤提出民是国之根本、国之命脉，国家政权的存亡与民众的作用休戚相关。他说："盈天地间只靠二种人为命，曰农夫、织妇。"（卷五《治道》）并进一步问道："吃这一箸饭是何人种获底（的）？穿这一匹帛是何人织染底（的）？大厦高堂如何该我住居？安车驷马如何该我乘坐？"（卷三《应务》）衣食为人类生存的根本，农夫耕种向天下人供给粮食，织妇织布向天下人提供布匹，因此必须重视他们，而统治者则要时刻"知君身之安危，社稷之存亡，百姓操其权故耳"（《忧危疏》）。这是对"民贵君轻"思想的进一步阐发。吕坤认为，在百姓当中蕴藏着巨大的力量，在百姓的支持下，君主才得以维持其统治，政权才得以保持其稳定。如果统治者认识不到这一点，不注意调和君主与民众的关系，不懂得“水能载舟，亦能覆舟”的道理，漠视百姓疾苦，肆意盘剥压榨，结果就会使阶级矛盾激化，社会危机加深，百姓反抗的事件不断发生。到了那时，“惟有丘民难收拾，虽天子亦无躲避处，可况衣冠？”（卷五《治道》）因此，对百姓，要想到其劳苦，要尊重其志向，做到“匹夫匹妇未可轻”（卷四《品藻》）。

其次，在君与民的关系上，吕坤强调了民的重要性。他说：“天之生民非为君也，天之立君以为民也。”（卷五《治道》）民众是国家的根本，是国家的主体，有了民众，国才得以为国，君才得以为君。民众不是为君主而生，民众也不是为君主而存，相反，君主的确立是为了民众的需要。因此，君主不可将天下之子女视为一己之子女，不可将天下的财富视为一己之财富，来供自己恣意挥霍。吕坤还以秦朝的兴盛与速亡为例，指出：“始皇以天下全盛之威力受制于匹夫，何者？匹夫者，天子之所恃以成势者也。”（卷五《治道》）所以，他提出君主当有四畏，即“上畏天，下畏民，畏言官于一时，畏史官于后世”（卷二《修身》），这样君主才能有所顾忌，有所收敛。

最后，吕坤体察民众的疾苦冷暖，主张减轻百姓的负担。万历年间，政治腐败，人民饱受土地兼并、赋役繁重和矿监税监之苦。吕坤对百姓的这种生活境遇深表同情，指出：

> 天下之财，生者一人，食者九人；兴者四人，害者六人。其冻馁而死者，生之人十九，食之人十一。其饱暖而乐者，害之人十九，兴之人十一。呜呼！可为伤心矣！（卷五《治道》）

作为佃户，不仅要在田间辛苦劳作，还要承担主人家的各种杂活，然而当佃户遇到困难向主人家借贷时，“轻则加三，重则加五，谷花始收，当场扣取，勤动一年，依然冻馁”（《实政录》卷二《民务》），其生活之悲惨，令人动容。因此，吕坤提出要对百姓给予体恤，减轻他们还贷的负担，并对高利贷者加以限制。

还需指出的是，吕坤的民本思想不仅体现在他的著作中，更反映在他的施政上，也就是说吕坤用实际行动践行着自己的这一思想，做到了知行合一。他任职山东期间，因此前连续两年旱灾，造成了大饥荒，灾民食尽草根树皮，又吃各种野草，甚至有中毒死亡者。吕坤得知此事，深表痛惜，作了《毒草歌》以悼念死者。同时，他遍查药书、农书，了解各类植物的特性，何种可食，何种有毒，一一注明，用于指导民众，充分显示了其爱民之心。吕坤还积极发展生产，周济鳏寡孤独和残疾之人，解决他们的生计困难，受到了百姓的赞誉，堪称为官者的表率。

经典诵读：《呻吟语》选读

人生在天地间，无日不动念，就有个动念底道理；无日不说话，就有个说话底道理；无日不处事，就有个处事底道理；无日不接人，就有个接人底道理；无日不理物，就有个理物底道理。……细行小物尚求合则，彝伦大节岂可逾闲？故始自垂髫，终于属纩，持一个自强不息之心，通乎昼夜，要之于纯一不已之地，忘乎死生。此还本归全之道，戴天覆地之宜。(卷一《存心》)

人生天地间，没有一天不在思考，这就要有个思考的道理；没有一天不说话，这就要有个说话的道理；没有一天不处事，这就要有个处事的道理；没有一天不与人接触，这就要有个与人接触的道理；没有一天不理物，这就要有个理物的道理。……细小的事物尚且要求合乎自然的道理，何况天地人之常道这样的大节呢？所以，从儿童时代开始，直到死去，从早到晚都要有一颗自强不息之心，使自己处在一个纯粹至善的境地，忘记死生。这是一个人从生到死做人的道理，也是一个顶天立地之人的做人原则。

而今士大夫聚首时，只问我辈奔奔忙忙、熬熬煎煎，是为天下国家、欲济世安民乎？是为身家妻子、欲位高金多乎？世之治乱，民之死生，国之安危，只于这两个念头定了。（卷四《品藻》）

现在士大夫聚会的时候，应该问一问，我们整日奔奔忙忙、熬熬煎煎，到底是为了天下国家，想救世安民呢？还是为了身家妻子，想位高钱多呢？世道的治乱，百姓的生死，国家的安危，就系在这两个念头上了。

二十四 《读通鉴论》：思想家王夫之的“历史沉思录”

王夫之是我们所熟知的明末清初著名思想家，他的一生著作颇丰，《船山全书》煌煌十六巨册，是迄今为止对王夫之学说和著作的全面深入的整理成果。不仅如此，王夫之的议论也十分深切，为后世所推崇；“船山学”的研究至今如火如荼。在他的史论著作中，《读通鉴论》无疑是很有名的一种，有学者认为，要想了解《资治通鉴》中的智慧、思想，就应该读读王夫之的《读通鉴论》，甚至把《读通鉴论》作为阅读《资治通鉴》的入门书。

王夫之行历

在今湖南衡阳金兰乡高节里，有一座大罗山。此山十分荒凉，良禽过而不栖，山头巨石阴沉，其状如船，当地人叫它“石船山”。在虎形山梁上，与孤山做伴的，还有一座孤独的墓庐，系清光绪三十四年（1908）衡永郴桂巡道谭启瑞修建，1981 年又按原貌进行了修整，正中立汉白玉石碑，上刻“伟大思想家王而农先生之墓”，王而农就是王夫之。

王夫之（1619—1692），字而农，号姜斋，湖广衡州府衡阳县（今湖南衡阳）人。晚年隐居湘西石船山，自署船山老农、船山遗老、船山病叟等，学者因此称其为船山先生，他与黄宗羲、顾炎武并称为明末清初三大思想家。王夫之自幼聪敏好学，在父兄的指导下博览群书，遍读群经，关注政治时局和社会现实，格外用心于历史的研究。青年时的王夫之，一方面准备通过科举走上仕途，另一方面则立志匡正时弊，挽救明王朝。崇祯五年（1632），十四岁的王夫之考取了秀才，不久又在武昌考中举人。崇祯十六年（1643），他北上参加会试，然而熟悉历史的人都知道，此时的明王朝已危在旦夕，农民起义的烽火已经燃遍中原，赴京的道路被阻，他无奈返乡。张献忠的军队进入衡阳后，曾邀王夫之加盟，他佯装伤病加以拒绝。一年后，也就是1644年，甲申巨变，李自成攻下北京城，崇祯帝自缢身亡，明朝灭亡。王夫之得知这一消息后，悲痛欲绝，数日不食。

随后清军入关，明朝残存的宗室纷纷在各路官员的拥立下称帝，王夫之满怀复国热忱，积极参加抗清斗争，并加入了南明永历政权，获封行人司行人，负责传达命令和信息。但永历政权内部充斥着钩心斗角、尔虞我诈，王夫之为弹劾权奸之事，险遭残害，幸亏他人营救才脱险，于是逃归湖南。此时，他看透了永历朝廷根本无法反清复明，失望之余，决意隐遁。清顺治九年（1652），抗清将领李定国率大西农民军进入衡阳，又派人招请王夫之，他托辞未就。从此隐居湘南一带，经历了几年的流亡生活。他更名改姓，居于荒山破庙中。之后移居常宁西庄源，以教书为生，其间撰成《周易外传》《老子衍》等著作。

晚年的王夫之在衡阳石船山麓定居，潜心著述。他博通经学、小学、子学、史学、文学、政法、伦理等诸学，兼通天文、历数、医理、兵法及卜筮、星象之学，且留心当时已传入的西学。其著作则涉及哲学、政治、历史、文学各方面，多达百余种，较重要者有《周易外传》《尚书引义》《永历实录》《读通鉴论》《宋论》等。

康熙三十一年（1692）正月，王夫之与世长辞。生前他已为自己撰写了墓志铭，称“有明遗臣行人王夫之，字而农，葬于此”，“其铭曰：抱刘越石（刘琨）之孤愤，而命无从致；希张横渠（张载）之正学，而力不能企。幸全归于兹丘，固衔恤以永世”，对自己一生的政治抱负和学术活动作了自我总结。直到今天，王夫之的思想和学术贡献仍受到后人的重视。

《读通鉴论》是王夫之晚年的史学代表作之一。梁启超认为，这部书和《宋论》虽然“不是船山第一等著作，但在史评一类书里头，可以说是最有价值的”。根据史书记载，此书始撰于1687年，这一年王夫之已经六十九岁高龄了，虽“久病咳喘”，但仍“吟诵不辍”。他倾尽心血，在研读司马光《资治通鉴》的基础上，结合当时的社会政治现实，系统地评论了自秦至五代之间千余年的历史，分析历代成败兴亡、盛衰得失，臧否人物，总结历史经验，阐述自己的见解、主张和思想。四年后，即1691年，也就是王夫之离世的前一年，这部六十余万字的著作才告完成。

从时间上看，这部书是王夫之离世前的唯二著作（另一本是《宋论》），可谓其一生思考的最终成果，因而特别值得后人重视和研究。

主要内容及其史学之思

通行本的《读通鉴论》分为三十卷，其中秦一卷，西汉四卷，东汉四卷，三国一卷，晋四卷，宋、齐、梁、陈、隋各一卷，唐八卷，五代三卷，另附《叙论》

四篇于卷末。

王夫之在书中明确宣称，他的写作目的并非罗列、记载和编排历史上发生过的孤立事实，因此对已经盖棺定论的大美大恶皆不再属意，而有补于世用的经略之道才是他着力探求的。《读通鉴论》中或言及明代史事，但这并非作者议论的重点所在，只是一种对其毕生萦绕心头的亡国之痛的追溯与哀其不幸的情绪抒发。另外，正如王夫之在字面上所言，他是要通过《读通鉴论》这部书找到一些过往历史遗留下来的教训和经验，以为借鉴，往大的方面说，是为未来设计蓝图。

当然，对于未来，王夫之并不预设答案，未来的情形在他那里是存而不论的。王夫之心目中的未来图景并非线性状前行，他深知未来之大势必不同于已成之历史，因此不认为历史中存在着一个目标，他也没有去设想和设置这一目标。相反，他对未来始终采取的是一种开放的态度，他只坚信人道必将通行于未来社会，未来同历史一样都贯穿着并将实现着人道的真理。

提到人道，我们有必要做进一步解释。一般认为，历史是人道理念因时损益的开展和达成，以王朝兴替为主要表现形式的中国历史，在不同的时期有着合乎其自身发展阶段的人道体现，王夫之借《读通鉴论》议论政事，目的就在于呈现它们是如何以及应当如何贯彻人道这一历史真理的，即“勉自竭以求合于圣治之本”。

就性质而言，首先，《读通鉴论》是王夫之阅读司马光的历史名著《资治通鉴》的读书笔记。应该看到，《资治通鉴》所记载的史实是王夫之发表议论的出发点和基本依据，书中的每一节内容都是针对《资治通鉴》中的某一段史实而发的议论，读者如果不熟悉或者不参照《资治通鉴》，而只是读《读通鉴论》，则很难全面又准确地理解王夫之的观点，把握其思想和旨趣。此外，《读通鉴论》的撰述具有明显的历时性，并非下笔之初就有定论，而是随着阅读与写作的深入不断迸发出思想的火花，因此对许多问题的看法是不断丰富和立体的，呈现出动态的色彩。正因如此，书中所论有前后抵触或重复的地方，但王夫之并未加以裁整，“宁为无定之言，不敢执一以贼道”，保持着本书作为笔记体著作的基本样貌。

其次，《读通鉴论》是一部卓越的历史评论著作。书中围绕历史人物、历史事件而展开议论，在突出的问题意识引领下，议题设置广泛，涉及历代王朝的政治、经济、文化等各个领域，立论精当，新见迭出，笔势纵放，文采飞扬。更难能可贵的是，王夫之在对具体史实的评论中，能够将历史的整体发展趋势作为参照坐标与基准，再经由个案与整体的互动，不断深化对于历史整体运动的理解与阐释，并在此基础上去认识和揭示贯穿于历史之中的“道”与“理”。同时，他也认识到这种提炼总结会有流于死板、教条的潜在风险，因此强调“就事论法，因其时而酌其宜”，绝不试图“立一成之例”，“强天下以必从其独见”。

书中体现了王夫之对于历史问题的解释路径：一曰渊源之追溯也，二曰原因之阐释也，三曰背景之分析也，四曰变迁之缕述也，五曰影响之探究也，溯源、究因、背景、变迁、影响五者有机结合，使其解释兼具广度与深度。王夫之尤其擅长阐述历史的因果关系，致力于“推其所以然之由，辨其不尽然之实”，常能洞察幽微，启人心智；而因果关系的认定和解释，正是历史学所要处理的重要问题之一。

最后，《读通鉴论》也可以看作一位思想家的历史沉思录。王夫之不仅仅是历史学家，也是明末清初的思想家，思想家写史论著作，与纯粹的历史学者有所不同。王夫之经明清之际血与火的洗礼，对家国命运与时代变迁有着深邃的思考，他将这些思考融入《读通鉴论》中，希望能“推本得失之原”，以为后世所鉴，服务于“治身治世”。因此，书中处处反映着王夫之的思想倾向，处处渗透着他强烈的现实关怀，也寄寓着他对未来道路的思索与展望。从某种意义上说，这部书建构起了一条历史与现实乃至未来的对话渠道，从而使读者能够借助此书获取智慧，受到启发。

人、事、势、理四考察

综观《读通鉴论》的内容，其所关注和讨论的对象主要包含四个层次。

其一是“人”。历史是由人创造的，所以研究历史，首先要关注人。王夫之也是如此，他对历史的考察与评论，首要的着眼点就在于“人”这一历史活动的主体。他既关注政治舞台上的帝王将相，着力分析其功过、品评其得失；同时也关注下层民众，注意展现其疾苦与诉求，揭示人心向背对历史的影响；还格外留意自身所属的士人群体，反复探讨士人面对不同的历史环境时，应该如何自处、如何有所作为。在评论历史人物时，王夫之既注重对其行迹的评判，也十分重视对其心理、情感的剖析，将人的动机、欲望视为重要的历史驱动力。这样自然能够展现出历史进程中人的主观能动性所发挥的作用，从而诠释“动静之得失在人”的真谛。

其二是“事”，主要体现为措施与制度。《资治通鉴》本身即以记述历代制度得失、为国家治理提供借鉴为主旨，《读通鉴论》自然也得其精髓，对历代王朝的各项制度加以认真细致的考察，如封建、郡县、田制、赋税、选举、学校、礼乐、兵制等，都被纳入本书的讨论范围。王夫之对于制度的考察，并非片面和静态的分析，而是“因其时，度其势，察其心，穷其效”，将制度放在具体的、历史的情境中加以全面审视，这符合用发展的眼光看历史的观点，在今天看来，无疑是进步的。王夫之先进的历史观还表现在他认为一项制度没有绝对的好坏之分，只有适合不适合，制度的订立者是否能根据时代特点、民众诉求而灵活变通，才是决定制度是否有效的关键。

其三是“势”。势就是历史演进的整体趋势与潮流，它既是王夫之审视具象历史的参考坐标系，又通过具体的“人”和“事”显现出来，并经过王夫之的剖析而得到阐发和诠释。同时，在王夫之的认知体系中，“势”并非一成不变的，“时移势易”“势异局迁”，这是王夫之在阅读《资治通鉴》的过程中时刻感知到的，并将这种思想贯穿于《读通鉴论》一书中。

其四是“理”，即贯穿于历史发展中的客观规律和道理。王夫之认为，“理”内在于历史进程之中，具有隐蔽性，“不可得而见”，只有充分发挥人的主观能动性，通过求索与体认，才能够认知。因此，书中对于“理”的探索与揭示，始终是与对“势”的考察与阐发相伴，即所谓“于势之必然处见理”。通过这种考察，王夫之看到，“势之顺者，即理之当然者已”，“理当然而然，则成乎势矣”，正是基于对二者关系的深刻领悟，王夫之提出了其历史哲学中最核心的观点——“理势合一”，这个思想对于今天的历史研究仍有现实意义。

现代价值

《读通鉴论》既是史论著作，又是具有思想性的作品，其中很多观点，直到今天仍有借鉴意义。

首先，我们常说读史可以明智，意思是阅读史书，可以从中汲取经验教训，让自己将来少走弯路，我们也称其为“以古鉴今”“以史为鉴”。而在《读通鉴论》中就体现着非常深刻的历史借鉴思想。王夫之历史借鉴思想的特点，首先反映在他强调人们应当有从读史中获得历史借鉴的自觉意识，这与他对史学功用的认识是有密切关系的。他认为：“所贵乎史者，述往以为来者师也。为史者，记载徒繁，而经世之大略不著，后人欲得其得失之枢机以效法之无由也，则恶用史为？”从历史借鉴的角度来界定史学，这是通过读史而获得借鉴的基础。在《读通鉴论·叙论四》中，王夫之专门详细解释了自己对“资”“治”“通”“鉴”四字的理解，集中表露出他对从读史中获得历史借鉴的重视。

王夫之还批判了“玩物丧志”的读史态度，他在书中借解释“资治”二字的深意表达了这样一个看法：读史并非仅仅止于知道历史上的善恶美丑并感慨一番，关键是要从中取资而反思。

从王夫之的历史借鉴思想中，我们可以得到一些启发。比如，历史借鉴对于政治决策、社会风尚以及个人修养的反思和改进，都具有现实意义。王夫之的论述代表着对中国古代史学“殷鉴思想”的继承和发展。又如，关于历史的实践主体怎样借鉴历史，王夫之指出了相互联系的两个方面：一是要明确读史非空发感慨，要有从中求治的主观意识；二是在具备自觉意识的前提下，还得运用合理的方法，处理好客观与主观、全面与局部、历史与时势的关系，通变而非泥古，必须要尊重客观事实。再如，王夫之是求真与致用合一论的代表者，这对于今天通俗历史读物的撰写尤其有启发。史学的真谛在于：史学家于求真以后，必须进一步求美与求善。史学上的真，与史学上的美与善，必须互相辉映，所以，在历史书写中，不仅要坚持信史原则，还要具有功能信念，根据所面向的群体，选取合适的素材，运用恰当的表述方式等。

其次，“君子”一词在《读通鉴论》中出现了多次，体现了王夫之对君子理想人格的多重期许。王夫之的君子理想人格，并不是凭空产生的，而是在广泛吸收、诠释前贤思想的前提下形成的。他认为，修身应该是君子在德行和文化方面首先要对自己提出的要求，只是博学、有文化并不能成为理想的君子，还应“度德自处”，律己成人。他提出：

> 君子之清、清以和，君子之慎、慎以简，君子之勤、勤以敬其事，而无位外之图。……君子修此三者，以宜民而善俗，用宰天下可矣。

古代对于从政者，均提出清、慎、勤的要求，王夫之将其提高到君子的位置，认为“清”“慎”“勤”是君子修身，从而达到知己、知人、知天的前提，而“运以心，警以目，度以势，乘以时”，感性认识和理性认识相结合，审时度势，做个有心之人，理性思考现实社会的种种现象，才是知己、知人、知天的途径，这也体现了王夫之的认识哲学。君子应主动发挥主观能动性，认识世界，把握历史发展的规律，并用于指导人事。

此外，心系苍生，匡时救世，是王夫之对君子人格的又一规定。他认为君子理应担当起“立人之道以匡扶世教”的使命。正如《论语·泰伯》中所说：“士不可以不弘毅，任重而道远。”君子要维护治道，立纲修纪。从这个意义上说，王夫之所谓的君子之道，是心系苍生，奋发有为，“穷居而以天下为心”，将自己的所学所思用于对社会的贡献上。于是，他提出君子要做到匡君而靖国，出所学以事主，维护社会秩序和良俗，这可以看作其经世致用思想的体现。

最后，书中体现了王夫之深刻而全面的“法治”思想。按理说，王夫之作为一个恪守儒家传统的知识分子，在国家治理层面上，应该更倾向于儒家的圣君贤相的人治观。然而，他对秦汉以来历代盛衰兴亡的缘由进行了深刻剖析，尤其反思了明朝灭亡的教训，并结合自己在南明永历小朝廷遭受奸臣构陷的亲身经历，在“人治”与“法治”的问题上提出了新的观点。王夫之在一定程度上改造了儒家过分强调“人治”的观念，把“法治”提高到了一个比较高的地位，突出了“法治”的必要性与重要性。

王夫之清醒地认识到，治理国家应该“任法”与“任人”相结合，两者都是国家治理的方式，只讲“任人”，仅仅推行“人治”是片面的；不主张“任法”，不以“法治”制约“人治”，是行不通的。儒家倡导的人治模式是，在君主专制体制下要求君主圣明，官僚大臣皆是贤能之辈，然而这种圣君贤相之治绝大多数都停留在理想层面，历史的经验反复证明，现实中的君主往往未必圣明，大臣将相也未必贤能，如果一味推行人治，而无法律的依据与制约，很容易导致掌握权力的人凭借个人的好恶任性而为，产生“下以合离为毁誉，上以好恶为取舍”的弊端。因此，王夫之在书中肯定了“法治”的重要性，在总结历史经验教训之后明确提出“治道之裂，坏于无法”的观点。

从具体措施上讲，王夫之的“法治”思想体现在立法从简与执法从公上。立法从简，奸吏就不敢枉法害民；立法从简，民众就易于遵守，其行为是否违法，也易于辨别，统治者也容易监督民众是否有不轨行为；立法从简，则社会的是非、善恶、黑白都会有一个客观的衡量标准，人们也易于理解运用法律，培养民众依法办事的习惯，法律的效力也可以遍及全社会；立法从简，可以在一定程度上防止民众因琐碎小事引发各种诉讼纠纷，从而促进社会和谐和国家的长治久安。

在遵循立法从简的同时，王夫之还要求执法从公，这主要是强调执法者要自觉遵守法律的规定，在审理案件中以法律为准绳，秉公办案，防止执法者滥用手中的权力以公谋私、贪赃枉法。至于如何保证执法从公，就是要从严治吏，这是王夫之从史书和自己亲身经历中总结出的观点，因此具有很强的可操作性，对今天的法治建设也有着较强的借鉴意义。

经典诵读：《读通鉴论》选读

路温舒之言缓刑，不如郑昌之言定律也。宣帝下宽大之诏，而言刑者益淆，上有以召之也。律令繁，而狱吏得所缘饰以文其滥，虽天子日清问之，而民固受罔以死。律之设也多门，于彼于此而皆可坐，意为重轻，贿为出入，坚执其一说而固不可夺。于是吏与有司争法，有司与廷尉争法，廷尉与天子争法，辨莫能折，威莫能制也。巧而彊者持之，天子虽明，廷尉虽慎，卒无以胜一狱吏之奸，而脱无辜于阱。即令遣使岁省而钦恤之，抑惟大凶巨猾因缘请属以逃于法，于贫弱之冤民亡益也。唯如郑昌之说，斩然定律而不可移，则一人制之于上，而酷与贿之弊绝于四海，此昌之说所以为万世祥刑之经也。

夫法之立也有限，而人之犯也无方。以有限之法，尽无方之慝，是诚有所不能该矣。于是而律外有例，例外有奏准之令，皆求以尽无方之慝，而胜天下之残。于是律之旁出也日增，而犹患其未备。夫先王以有限之法治无方之罪者，岂不审于此哉？以为国之蠹、民之贼、风俗之蜚蜮，去其甚者，如此律焉足矣，即是可以已天下之乱矣。若意外无方之慝，世不恒有，苟不比于律，亦可姑俟其恶之已稔而后诛，固不忍取同生并育之民，逆亿揣度，刻画其不轨而豫谋操蹙也。律简则刑清，刑清则罪允，罪允则民知畏忌，如是焉足矣。（卷四《宣帝》）

路温舒建议放宽刑罚，不如郑昌建议删定律令高明。汉宣帝颁布宽大处置的诏令，于是谈论刑罚的人日益淆杂，这是皇帝自己招致的问题。律令繁杂，则掌管讼案、刑狱的官吏可以轻而易举地文饰其滥用刑罚的行为，即使天子每日清查核问，百姓也难免蒙冤而死。律令的制定不统一，政出多门，此法与彼法皆可适用，私情可以影响刑罚的轻重，贿赂可以使刑罚有所出入，掌管刑狱的官吏如果坚持使用法令中的一种，谁也没办法使他改变判决。于是掌管刑狱的官吏与有关部门争法，有关部门与廷尉争法，廷尉与皇帝争法，论辩不能使他们停止争执，威权也不能制服他们。机巧且强横的小吏如果钻法律的空子，那么即使皇帝贤明、廷尉审慎，也终究无法战胜一个狱吏的奸邪，而使无辜的百姓脱离牢狱之灾。即使朝廷每年都派使臣到各地省视，安抚百姓，也只能使大奸巨猾之辈千方百计地逃脱法律惩处，而对贫弱的冤民是没有什么好处的。只有像郑昌所说的那样，断然删定律令而从此不可轻易更改，则皇帝一人在上掌管，而残酷与贿赂的弊病就在天下绝迹了，这就是后代万世为什么把郑昌的主张当成善用刑罚准则的原因。

法律的设立是有限的，而人们犯法的情形是各种各样的。以有限的法律，去应付无穷的奸邪，这确实有不完备之处，无法包容一切。于是在律法之外，又有判例，判例之外又有奏准施行的令，都是想以此囊括无穷的奸邪情形，从而制伏残害天下的恶徒。于是法律的旁支与日俱增，却仍然担忧其不完备。先王用有限的法律惩治无穷的罪行时，难道没有考虑到这一问题吗？只要把危害国家的蠹虫、残害人民的奸贼、败坏风俗的害虫，去掉其最严重的，这样法律就足够了，完全可以消弭天下之乱了。至于意料之外、无法穷尽的奸邪行为，世上不常有，即使不列入法律，也可以等这些罪恶发展得比较显著时再予以严厉惩处。先王本来就不忍心将同生同长的百姓作为对象，凭借主观的想象和揣度，推测其不轨行为，而预先设计好应付的措施。法律简明则刑罚清晰，刑罚清晰则定罪公允，定罪公允则百姓知道敬畏、忌讳，如此就足够了。